懺悔的人有福

地藏經講記

釋寬謙
著

〔自序〕大願拔苦地藏菩薩

自從新冠疫情解封以來，人們都以為生活可回歸正軌，依舊歲月靜好。接連不斷的國際戰事、經濟大戰，卻讓人發現這竟是苦日子的開端，不但憂心戰火波及自身，也對未來感到徬徨無依。全球命運相連，禍福與共，面對共業的時代，只能以共願的大願力來改變。因此，我們需要學習地藏菩薩的大願精神，指引我們的生命方向，以《地藏經》為懺悔法門，轉人間地獄為人間淨土，讓眾生都能離苦得樂，福氣綿延不絕。

無論世事如何多變，每每一回到北投覺風佛教藝術園區入口，就能看見手持錫杖的地藏菩薩，站在大屯山群前，讓人有安定如山的力量。人們之所以對生命感到惶惶不安，是因為只看到眼前的無常現象，如果能夠明白生命是「生生不已的生命之流」，不是只此一生，懂得菩薩生生世世乘願再來的深切悲心，便能相信自己可以透過發願，與地藏菩薩同願同行。

地藏菩薩是與我們娑婆世界特別有緣的菩薩，很多人剛開始接觸地藏法門，是因為聽說抄寫《地藏經》能消災解厄，或是誦《地藏經》能為亡者祈福超拔，雖然菩薩的願力不可思議，但是他給予我們的最大寶藏，並非只是現世安樂，更大的願心是守護娑婆眾生成佛。《地藏經》說我們：「舉止動念，無不是業，無不是罪。」如何讓我們從一個飽受罪苦的眾生，成為福慧雙修的菩薩，便是地藏菩薩為何要來娑婆世界的原因。

地藏菩薩來居穢土，受釋迦牟尼佛的殷重囑咐，他將還沒有出離三界火宅的人與天人善道眾生，交付給地藏菩薩，希望菩薩千萬莫讓這些眾生墮入惡道，哪怕只是受到一天一夜的苦難都不可以，更何況是墮落到地獄，飽受千萬億劫苦難呢？地藏菩薩以聲聞身弘法利生，經常示現出家僧相，在此五濁惡世，使人見聞熏習佛法，達到身心清淨，令眾生不墮惡道。地藏菩薩為世間注入光明與溫暖，豎立清淨法幢。

《地藏經》全稱《地藏菩薩本願經》，地藏菩薩過去生曾為光目女、婆羅門女、長者子，乃至於小國王等，透過宿世累劫所發的本願，特別慈憫最苦楚難熬的地獄道眾生，誓發「地獄不空，誓不成佛」，以完全無我的大願心，化度無量無邊的眾生，成就功德而福蔭眾生。這樣的大願深深打動我們的心，也願以地藏菩薩為菩薩道上光明與溫暖的引導者。

由於《地藏經》的經文質樸易讀，結構層次分明，所以本書解經依傳統科判表，分為三分：序分、正宗分及流通分。「序分」開場，即是第一品〈忉利天宮神通品〉，說明《地藏經》緣起於佛陀到忉利天為母說法，而有這部經典。

「正宗分」是經文最重要的正文，分為四大內容，共計九品。1. 明能化之主：說明能化之主是地藏菩薩，佛陀於第二品〈分身集會品〉中介紹地藏菩薩為我們學習的典範。2. 明所化之機：闡述地藏菩薩所感應的對象與群機，於第三品〈觀眾生業緣品〉、第四品〈閻浮眾生業感品〉、第五品〈地獄名號品〉，可知地藏菩薩對地獄眾生悲心特重。3. 明度脫之緣：解說度脫眾生的機緣，於第六品〈如來讚歎品〉、第七品〈利益存亡品〉、第八品〈閻羅王眾讚歎品〉，可得知地藏菩薩如何幫助眾生得到解脫罪報的機會。4. 明成佛之因：《地藏經》屬於大乘經典，不只是希望眾生不墮惡道，更積極企盼眾生皆能成就佛道。第九品〈稱佛名號品〉和第十品〈校量布施功德緣品〉中，說明念諸佛菩薩的名號，是成佛重要的因，即是種子，眾生都具有成佛的佛性。

「流通分」是經文的結尾，於第十一品〈地神護法品〉、第十二品〈見聞利益品〉、第十三品〈囑累人天品〉，說明如何讓這部經典廣為流傳。

地藏菩薩是貫穿生死流轉中的一盞明燈，隨時隨地陪伴著我們在菩薩道上前行，引導我們修福修慧，調伏煩惱。地藏法門所含藏的法寶，有如金山寶礦，讓我們能依止智慧，含藏慈悲，悲智雙運，願為眾生荷擔一切難行苦行，守護眾生依止法寶成長一切功德，歡喜發願世世常行菩薩道。

釋覺謙

目錄

〔自序〕大願拔苦地藏菩薩 003
〈緒論〉釋經題 011
〈第一品〉忉利天宮神通品 043
〈第二品〉分身集會品 105
〈第三品〉觀眾生業緣品 123
〈第四品〉閻浮眾生業感品 141
〈第五品〉地獄名號品 179

193 〈第六品〉如來讚歎品
219 〈第七品〉利益存亡品
241 〈第八品〉閻羅王眾讚歎品
273 〈第九品〉稱佛名號品
287 〈第十品〉校量布施功德緣品
305 〈第十一品〉地神護法品
315 〈第十二品〉見聞利益品
347 〈第十三品〉囑累人天品

表目錄

表一：《地藏經》科判表 039
表二：十法界 060
表三：天界詳表 071

圖目錄

圖一：生生不已的生命之流 019
圖二：八識心王 020
圖三：成佛之道 024
圖四：佛陀以三身度眾生 029
圖五：俱生我執、法執和分別我執、法執 034
圖六：三大阿僧祇劫的修行過程 058
圖七：佛教禪修只鼓勵修至四禪 075

〈緒論〉

釋經題

《地藏菩薩本願經》簡稱《地藏經》，是大家耳熟能詳的一部經典。「眾生度盡，方證菩提；地獄不空，誓不成佛。」很多人都是深受地藏菩薩的本願感動而學佛，遇到求助無門的時候，相信地藏菩薩必以其大願廣開方便門。然而，我們對於地藏菩薩的大願究竟了解多少？在求菩薩之外，能否更進一步學做菩薩？

很多人認為地藏菩薩是「幽冥教主」，而以為地藏菩薩專門超度地獄眾生，地藏法門則是專用於超薦亡者。事實並非如此，只要尚未解脫生死輪迴，我們其實都是行走在地獄邊緣的眾生，隨時都可能因一念瞋心起，被困在自己的「人造地獄」裡，為瞋火烈焰所苦，而只要一憶念地藏菩薩，我們立即就能起善念，回到「人間淨土」。

地藏菩薩曾受釋迦牟尼佛的囑咐，願在彌勒佛降生前的過渡時期，一肩承擔度化我們這些娑婆世界眾生的重任。我們只要能夠生起一個小小的善念，地藏菩薩便會一路守護我們直至成佛。因此，我們每一個人生來，其實都受到了地藏菩薩的保護。

既然地藏菩薩承諾要守護我們，為什麼他和我們迄今都還沒有成佛呢？地藏菩薩是因為度眾的願力，所以不願成佛，我們則是因為個人的業力，而無法真心將自己託付給菩薩，總是半信半疑。有人向我們伸出援手，卻心生懷疑而裹足不前，錯失得度的機會，這究竟是誰的問題呢？

面對日漸沉淪的世界，總讓人覺得自己是「泥菩薩過江」，自身難保，不知道如何能夠度眾生？但只要一想到地藏菩薩的大願精神，便能產生勇氣一往無悔。地藏菩薩發願度盡所有地獄眾生出離地獄後，他才成佛，這是多麼無量無邊、永無止盡、不可思議的大願！

如果我們能學習地藏法門，轉業力為願力，則到處都是普門大開，哪裡需要憂慮地獄門開？所在之處，不都是可以自利利人的菩薩道？如果說隨業而行是凡夫，隨願而行是菩薩，我們跟著地藏菩薩一步一腳印學習發願，一定能轉凡成聖，轉迷啟悟。

何謂地藏？

如何真正認識地藏菩薩呢？可從了解《地藏菩薩本願經》的經題入門，「地藏」的「地」字意指「大地」，「藏」字則是「寶藏」，由此可知，地藏菩薩的名號、德號，是從「大地的寶藏」而起。大地非常遼遠廣闊，可以生長萬物。因此，我們說地藏菩薩的「地」，不但能含藏、生長所有的善法，而且能納受所有的眾生。事實上，所有的眾生都是因地而住。我們依靠大地而活，生命和大地息息相關。

地藏菩薩的「藏」字，意思是祕密含容所有的一切，也表示地藏菩薩透過生生世世累積的功德，能夠含藏、包容所有的眾生。《大乘大集地藏十輪經》（簡稱《地藏十輪經》）說「安忍不動，猶如大地，靜慮深密，猶如祕藏」，這一句話值得好好體會。「安忍不動，猶如大地」是地藏菩薩的特色、德性，地藏菩薩能包容一切，不但包容善類眾生，對於惡類眾生也是如此，甚至發願希望能度盡所有的惡類眾生。為什麼地藏菩薩具有如此強大的力量呢？因為他生生世世以來都是「靜慮深密」，透過修行戒定慧三學、六度萬行，點點滴滴地厚積薄發，儲藏能量，而「猶如祕藏」。

介紹《地藏經》，要先從地藏菩薩的過去生談起，經中的許多故事詳述了地藏菩薩過去世如何發願，以及鍥而不捨度化眾生的精神，尤其是地獄眾生，我們從中便比較能夠了解地藏菩薩的德行和願行。

何謂菩薩？

菩薩是什麼意思呢？菩薩的梵語為bodhisattva，所以全稱應是「菩提薩埵」，但是中國人好簡，習慣簡稱為菩薩。所謂菩提薩埵，是指發菩提心的有情眾生。只要有生命就是有情眾生，人當然也是。「菩提薩埵」和「有情眾生」的差別，在於有沒有發菩提心。我們在學佛過程當中，常常被問及：「各位菩薩有沒有發菩提心？」如果沒有發菩提心，就不能名為菩薩了，要發菩提心，才是菩薩。

菩提心是一種覺醒、覺悟的心，要能「上求佛道，下化眾生」。想要化導眾生，不能憑仗著個人的喜、怒、哀、樂而行，必須根據佛法來發菩提心。人的情緒變化無常，每一天的心情都不一樣，當我們在高興時，可能樂於幫助眾生，但在痛苦時，便只想到自己的委屈，覺得眾生跟自己好像沒有關係，這不是菩薩待人應有的態度，而是一種非常情緒化的態度。人難免會有情緒煩惱，想要調伏並非一蹴可幾，需要長期熏習佛法。

調伏煩惱需要智慧，我們如果沒有佛法的觀念，便無法運用智慧來調伏煩惱。學習佛陀的智慧需要聽經聞法，也就是「上求佛道」。上求佛道是依據佛法來調伏與解脫我們的煩惱，甚至於解脫我們最大的生死煩惱，並且隨緣盡分度化眾生，而所謂「下化眾生」，並非我們在眾生之上，而是在佛道之下來服務眾生，也就是以佛法來服務眾生，幫助眾生心開意解。我們可以從身邊的眾生開始關懷起，家人、同事、同學、師長，都是與我們最有緣的眾生，如果沒有緣分，便不可能聚會在一起，只不過這種緣既可能是善緣，也可能是惡緣。

不管我們過去與人結善緣或惡緣，從現在開始，都應該以善念改變過去的惡緣。如果我們能發出善念，便可以增長善緣。當我們起煩惱時，就是起惡念，善緣就會遠離。我們之所以聽經聞法，正是為了不斷地訓練自己起善心與正念正見，並調伏煩惱惡心。

生生不已的生命之流

很多人對於自己的過去生非常好奇，佛經說我們的現在世，是由無始劫以來的過去世累積而成，而我們今生的所作所為，也會影響無盡的未來。我們從出生就開始邁向死亡，沒有人可以擁有特權逃過一死，所以死亡是非常公平的一件事，人人平等。無論科技文明再發達，都不可能阻止生、老、病、死的自然現象，四大不調則生病，四大分離則死亡，都是生命必須面對的歷程。這一生為人，下一生卻有可能變成一條狗或一隻豬，想要確保自己來生能繼續擁有人身，便要了解生命是如何流轉的。

我們想要學習地藏菩薩，走上菩薩道的修行，就需要先知道自己的生命是怎麼一回事，才能產生修行動力。透過學習唯識，我們可以清楚了解人的生死輪迴，是一條「生生不已的生命之流」（如圖一）。

唯識學將我們的心識分為「八識心王」：眼識、耳識、鼻識、舌識、身識合稱為「前五識」，意識是「第六識」，末那識是「第七識」，阿賴耶識是「第八識」

圖一：生生不已的生命之流

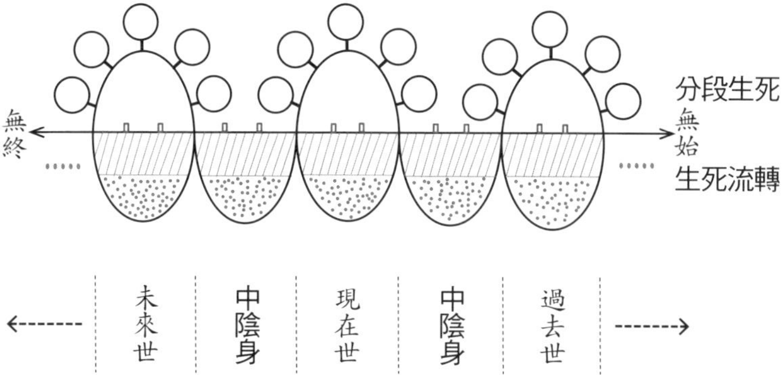

（如圖二）。

我們的生命現象，主要是靠第七識記錄的緣和第八識記錄的因在流轉，也就是看不見的因緣在流轉。但是一般人在世的時候為生活奔波，用眼、耳、鼻、舌、身的前五識功能處理日常生活，追求感官享受，透過淺層的根身生活。人生短暫，應要掌握修行機會探索生命本質、覺察人生的意義，進入深層的唯識生命，也就是第七、八兩識記錄的因緣，進而轉識成智。第七、八兩識的因緣主管著生命泉源，當人死後，前六識便失去功能，就像電器拔掉插頭無法通電，停擺不動，第七識便帶著第八識去投胎轉世。在中陰時期，記錄於第七、八兩識中的因緣大量成熟，決定下一生的去處。

《地藏經》對此生死歷程有非常詳盡的描述，所

圖二：八識心王

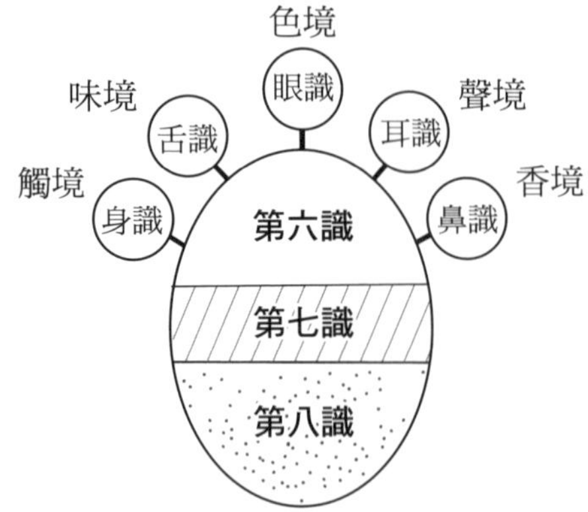

以無論是想要了解佛教的生死觀，或是解脫生死輪迴的苦痛，都應該讀《地藏經》。讓我們從粗淺的生活層面問題，轉為關心深入的生命層次，了解生死流轉的歷程，以及解脫的修行方法。

為何我們看待睡著、休克和死亡的人，態度會不一樣？我們看到睡著的人不會感到害怕，看到休克的人則希望他趕快甦醒過來，可是看到死人在面前，恐懼感便會本能地油然生起，心慌意亂、手足無措。為什麼會怕呢？因為對方已經沒有呼吸、失去生命了。人的身體是一副「臭皮囊」，死後皮膚失去彈性，九孔就會流出不淨物，縱然對身體再眷戀不捨，死後便四大分離，要被捨棄。

然而，第八識就像是一個龐大的倉庫，儲存了我們生命流轉過程中，所有起心動念的善惡念頭，即是善惡因，再加上因行動而與眾生所結的緣，這些形成了「業力因緣」。當我們今生臨終時，即是「萬般帶不去，唯有業隨身」。今生的色身、家庭、事業、財富、名位、權勢等，沒有一樣能帶得走。經過中陰期，業力的因緣成熟定案後，可能投生成天身、人身、畜生身、餓鬼身、地獄身，這些都是源自我們宿世所作所為的果報。

我們今生全部身、口、意三業的因與緣，都記錄在第七、八兩識，等到善惡因緣成熟的時候，便會現出果報。善因善緣成熟會成為福報，惡因惡緣成熟則是業障現前。比如好端端地為什麼會突然生病、工作不順，業障現前；或是遇貴人，事業跟著風生水起，福報現前。今生結束時，我們帶著所有累世殘餘的善惡因緣業力進入中陰期，部分因緣成熟成為來世的果報，因為因緣眾多而複雜，每世都會不斷地變化。今生我們依著果報體，透過起心動念，即成為今生造作來生的業障和福報。只要努力用功多種下善因善緣，也就是多修功德，便可以改善未來的因緣業力。

在生死流轉中，我們從過去世到今生，乃至來生，明顯變化、替換的只是業報身，其實只有眼、耳、鼻、舌、身、意六根，也就是身根而已，第七、八兩識則是生生世世一直生死流轉。我們學佛一定要具有三世因果、生命流轉的觀念，才能夠深入經藏，了解修行的意義。

發菩提心成就佛道

地藏菩薩為什麼能夠生生世世不斷地累積修行資糧？因為他發下大願，這種大願不是只做這一世的事而已，他發願無盡的未來世也一定要來救度眾生。從《地藏經》可得知地藏菩薩經歷過的四種過去世，先從光目女，後來又成婆羅門女，再變成長者子，之後又成為小國王，在他成為菩薩摩訶薩之前，經過了無量多世的歷練。我們由此可知，生命有無盡的未來世，能否清楚明白自己的生命，關鍵在於現在世，我們不能寄望下一輩子再來用功，如果這輩子不知道用功，下輩子也會是糊里糊塗終此一生。

面對無盡的未來世，我們一定要成為發菩提心的菩薩，能否發菩提心，是修行的一大關鍵，可說是生命的轉捩點。我們學佛最重要的就是種下菩提種子，如果不種菩提種子，會一直流浪生死。何謂流浪？像流浪漢一樣找不到家，無家可歸，不知道家的方向在哪裡。人之所以流浪，是因為不知道生命方向。如果不清楚生命的方向，我們就會成為六道輪迴裡的流浪漢，糊里糊塗生，糊里糊塗死。如何才能清醒呢？就是要能發菩提心。「菩提心」是「上求佛道，下化眾生」的心。我們也是有情眾生，要用佛法來超越自己的凡夫特性。我們要透過學佛發菩提心，聽經聞法，踏上成佛之道。

何謂成佛之道？由凡夫眾生抵達成佛的境界，要經歷三大過程。第一階段是凡夫菩薩的階段，即使我們只是凡夫，也可以發菩提心、行菩薩道，此階段是凡夫菩薩；超凡入聖後進入第二階段，成為聖賢菩薩，從初地到七地菩薩圓滿，由聖者證入無生法忍；證得無生法忍則進入第三階段，成為菩薩摩訶薩，可以分身無數億，最後則修行圓滿成佛。在超凡入聖之前，我們都是凡夫，但是只要願意發菩提心，就能夠成為凡夫菩薩（如圖三）。

圖三：成佛之道

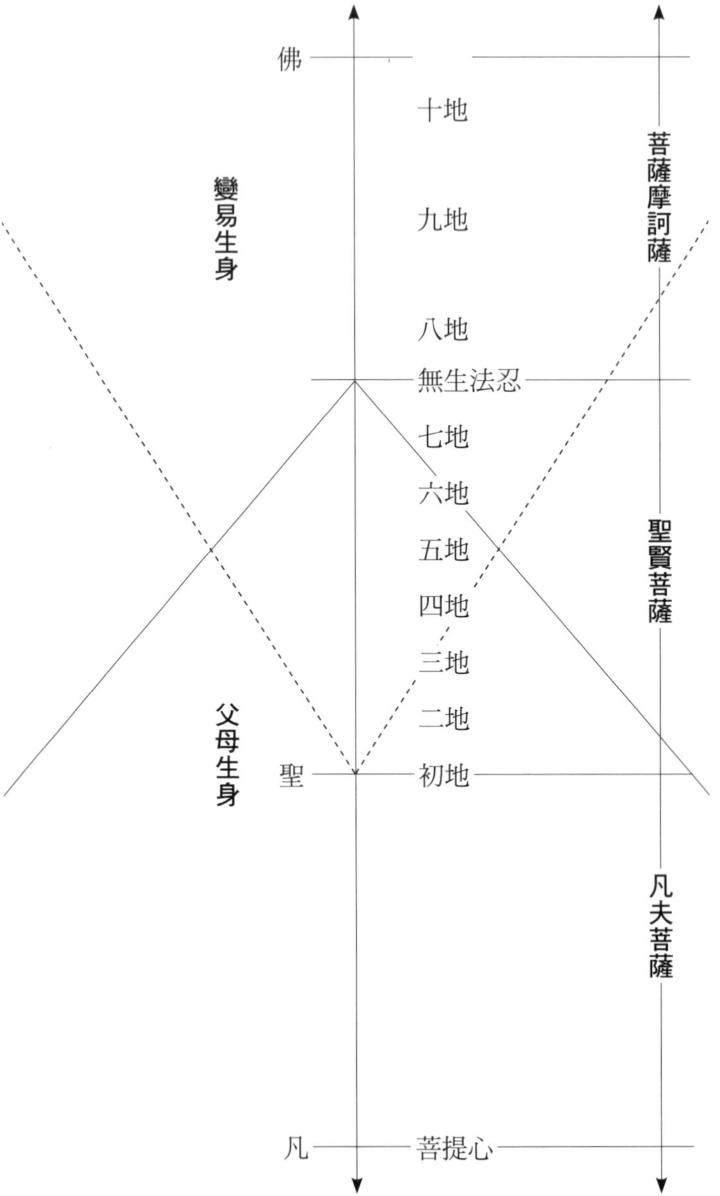
佛
十地
九地
八地
無生法忍
七地
六地
五地
四地
三地
二地
聖
初地
凡
菩提心
變易生身
父母生身
菩薩摩訶薩
聖賢菩薩
凡夫菩薩

何謂地藏本願？

地藏菩薩的全稱是「地藏菩薩摩訶薩」，「摩訶」是「大」的意思，所以「摩訶薩」就是「大菩薩」。修行必須進入第三大阿僧祇劫，方能稱為「菩薩摩訶薩」。比如與大願地藏菩薩並列中國佛教四大菩薩的另外三位：大智文殊菩薩摩訶薩、大行普賢菩薩摩訶薩、大悲觀音菩薩摩訶薩。地藏菩薩尚未成佛，是因發下宏大誓願「地獄不空，誓不成佛」，所以維持在菩薩摩訶薩階段。

地藏菩薩有一個大家耳熟能詳的傳說故事，在唐朝的時候，地藏菩薩化現在新羅國的皇族，姓金，名喬覺，他在二十四歲時剃度出家，法號地藏。他來到中國安徽九華山，修行長達七十五年，被稱為「金地藏」，後於九十九歲圓寂。

地藏比丘來到九華山時，帶著一隻名為「善聽」的白狗，後來也稱為「諦聽」，因牠坐地可聽八百里，臥耳可聽三千里，通曉佛理，能避邪惡，據說牠一耳豎起，可以上聽十方諸佛菩薩的法音，另一耳垂下，則可以下聞人間、惡道眾生求救的聲音。這隻白狗長得和其他狗不一樣，一般說牠其實是獨角獸，集合眾獸瑞相特色於一身，虎頭、獨角、犬耳、龍身、獅尾、麒麟足。

地藏菩薩的造像，往往都是現比丘相，手持錫杖振開地獄之門。地藏菩薩是菩薩摩訶薩，但他也是從凡夫菩薩修起，從第一大阿僧祇劫轉凡成聖，進入第二大阿僧祇劫，從初地修至七地圓滿，證得無生法忍，再進入第三大阿僧祇劫，成為菩薩摩訶薩。凡夫成佛的過程如此，地藏菩薩也不例外，在此過程中，發願非常重要。行菩薩道一定要發願，愈能發願便愈有力量，而且能感召同願同行者。

《地藏菩薩本願經》所說的地藏菩薩本願是什麼願？「地獄不空，誓不成佛」。阿彌陀佛建設西方極樂世界，是在行菩薩道時，發了本願四十八大願，藥師佛也是如此，發十二大願，普賢菩薩則是發十大願，這些都是在行菩薩道時所發的大願。我們如果和某位菩薩比較有緣，就等於是同願同行者，即便只是一個凡夫眾生，也可以跟隨菩薩們來學習，共同來建設淨土世界。淨土世界並非本來就是淨土，而是經過大菩薩生生世世修行，在三大阿僧祇劫裡不斷累積功德而成，而且不是只靠一個大菩薩單打獨鬥，而是感召非常多的同願同行者，一起來「打拚」。

地藏菩薩的願力非常大，大到好像難以完成第三大阿僧祇劫修行，成佛的機會看似非常渺茫，但是他願意永遠當個菩薩摩訶薩，因為有無量無數的眾生在惡道中受苦，所以他發願把地獄的眾生度盡之後，才要成佛。

地藏菩薩分身無數億度眾生

地藏菩薩如何度化眾生呢？和佛陀度化眾生的方式不一樣，地藏菩薩是菩薩摩訶薩，用的是分身無數億，隨處祈求隨處現是他最大的特色。佛陀如何度化眾生？由於我們「凡夫菩薩」是第一大阿僧祇劫眾生，都必須透過父精母血的「父母生身」，才能來到這個世間。達於超凡入聖後，第二大阿僧祇劫從初地到七地的「聖賢菩薩」，依然是父母生身，七地圓滿達於「無生法忍」，第三大阿僧祇劫是八地至十地菩薩，則是可分身的「菩薩摩訶薩」，稱為「變易生死身」或「變易生身」，即是「意生身」，簡稱「分身」。

圓滿成佛，要經過三大阿僧祇劫的修行。佛陀以三身度眾生：清淨法身、圓滿報身及千百應化身。清淨法身是佛的自受用身，唯有成佛者能驗證與受用；圓滿報身則是他受用身，可以提供聖賢以上的菩薩受用；而我們凡夫的修行者，則能受用到佛的應化身，一樣是父母生身，也稱「化身」（如圖四）。

佛陀為了度化我們，必須與我們共業才能一起共住，才有教化我們的因緣。我們擁有生、老、病、死的父母生身，佛陀的應化身也一樣，所以佛陀的應化身是印度的王子身，具有三十二相、八十種好的莊嚴色身。應化身有生、老、病、死的時間限制，有生必有滅，但是佛陀最可貴在於透過在人間的教導，而留下佛法的流傳，回歸於無形無相的法身長存。由此可知，佛陀度化眾生的方式，與菩薩摩訶薩度化眾生方式是不一樣的。

一般來說，分別心不一定是好的，但也不一定是壞的。我們要善用前六識的分別心，才能學習佛法，以修行改善因緣業力。但是如果我們一直分別外在的物質世界，比如分別開什麼名車，穿什麼名牌衣物，這些分別都跟生死沒有關係，只會讓人起執著而煩惱不已，並造下惡的因緣業力。如果能擅於分別佛法，懂得分辨善惡、因緣、果報等，懂得放下煩惱修智慧，懂得行善修福報，這樣的分別則是有意義的，所以也要學習分別佛法。

圖四：佛陀以三身度眾生

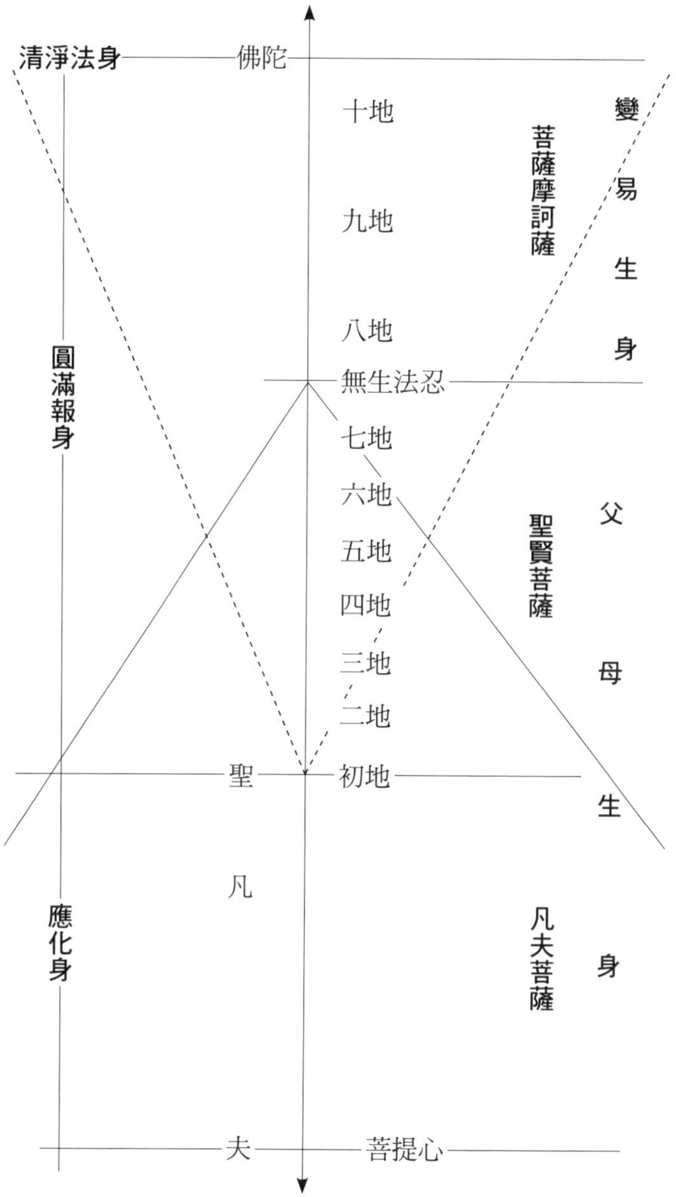
清淨法身
佛陀
十地
九地
八地
無生法忍
七地
六地
五地
四地
三地
二地
初地
聖
凡
夫
菩提心
圓滿報身
應化身
菩薩摩訶薩
聖賢菩薩
凡夫菩薩
變易生身
父母生身

我們一直強調地藏菩薩，是依菩薩摩訶薩的功德來分身無數億。因為《地藏經》雖然是由釋迦牟尼佛來介紹，但是主角是地藏菩薩，他是以分身的方式來度化眾生。正如觀音菩薩過去已經成佛，佛號「正法明如來」，他是倒駕慈航來度化眾生。雖然已經成佛了，但是他願意用菩薩摩訶薩的身來度化眾生，普現分身無數億，隨處祈求隨處現的分身。菩薩摩訶薩度化眾生的方式比較自由，可以「來無影、去無蹤」。

菩薩摩訶薩的分身，往往是用人身來化現的。因為我們每個人契機的情形不一樣，宿世的福報因緣也不一樣，所以要找到自己所契機的佛菩薩。例如，在我出家前，於一九八一年，阿公、阿嬤剛從大陸回來，因為他們在一九四九年時來不及回臺灣，這一別三十二年，真是恍如隔世。我剛學會開車，非常開心地載著他們和爸媽一起環島旅行。有天晚上在宜蘭看完路邊歌仔戲後，發現車子開不動，因為車的底盤被樹卡住，造成車輪懸空。我心想：「糟糕了，不知要到哪裡求助，只能好好求觀音菩薩了！」結果我才一念觀音菩薩，突然就出現一位眉清目秀的男眾來幫忙推車，叫我先上車踩油門，果然他一推，車輪著地就能動了。當我下車想要道謝時，卻已不見人影了。其實這就是觀音菩薩的分身，來無影、去無蹤，並非飄飄然從天而降，而是我們需要何身，他就現何身來救脫我們離困，非常靈驗。

分段生死和變易生死

為什麼地藏菩薩可以分身無數億來解救眾生呢？從唯識的角度來看，很容易清楚理解，這是因為第七識的俱生我執雜染，已經轉染成淨的關係。三大阿僧祇劫有兩個轉換的關鍵點，主要處理的問題是第六識如何轉迷啟悟，以及第七識如何轉染成淨，這也是我們的修行功課。

佛教將眾生的生死，分為「分段生死」和「變易生死」兩種。為什麼稱為分段生死？生死分為一段段的過程，一段生、一段死、一段生、一段死，這就好像一日三餐，早餐才吃飽，過幾個鐘頭又要吃午餐，幾個鐘頭後又要用晚餐，明天早上睡醒又開始吃早餐，一段飽、一段餓、一段飽、一段餓……，是為段食，一直不斷地循環。這是因為我們的第七、八兩識脫離根身後，根身就壞死，前六識失去作用，而第六識思善思惡的種子，種在阿賴耶識，第七識帶著第八識，經過中陰期後去投胎轉世，成長出來世的父母生身，是為分段生死身，又稱為「父母生身」，這是無法分身，所以我們有生之年中分身乏術，並且還會繼續生死輪迴。

當第七識已經轉染成淨，也就是達於「無生法忍」位，第七識消失了，就不會再帶著第八識去投胎轉世，僅剩餘第八識儲藏曾經雜染過的種子，與雜染的眾生相應，能快速地隨處祈求隨處現，所以能夠分身無數億，也就是菩薩摩訶薩不再分段生死，就「分身有術」了，而稱為「變易生死」（如第二十四頁圖三）。

什麼是變易生死？分段生死需要經過父精母血才能出生，變易生死則可以透過雜染的種子，與凡夫雜染的種子相應，隨處祈求隨處現，現的就是「變易生死身」，不必再經過父精母血的懷胎。然而，雖然超凡入聖，聖賢菩薩由於俱生我執還在，所以還有雜染，在變易生死之前，第七識都是有雜染的。分段生死和變易生死的差別，在於第七識的雜染與否。只要有第七識的雜染就必然會去投胎轉世，形成「父母生身」，第七識於第二大阿僧祇劫圓滿，即轉染成淨，不再投胎轉世，而達於「無生法忍」，可以解脫父母生身的束縛，已經證得「無生」，但願意為眾生而「法忍」，不立刻脫離眾生，而繼續利益眾生。第八識中仍有過去雜染過的種子，必須透過「意生身」的方式，出清所有的雜染種子，也就是分身無數億，達於完全的清淨而圓滿成佛。

因此，從分段生死轉為變易生死的關鍵，在於第七識的雜染，也就是「俱生我執」，因而當我們的中陰期，第七識全自動地帶著第八識的「俱生法執」，去投胎轉世。第七識轉染成淨，完全清淨時，就不再投胎轉世了。但是俱生性的我執與法執太深細了，非凡夫所能處理的，因此我們凡夫要先從前六識粗淺的分別我執與法執下手。先調伏生活現象中的分別執著，因為有執而有漏，漏就是煩惱，煩惱來自執著，有執著就會有雜染，就會惡性循環不已。佛陀教我們發菩提心，行菩薩道，就是學習以平等心看待所有一切法相，學習放下分別的我執與法執，達於聖者的境界，才能處理深細的俱生我執與法執（如圖五）。

地藏菩薩能分身無數億，盡虛空、遍法界，只要有苦難眾生向菩薩祈求，一念地藏菩薩或稱念聖號，就有機會得到解救。為什麼一定要我們本身起善念才有機會解救？這就是因緣法，整個宇宙人生觀的核心就是因緣法，因緣無法單獨存在的，

圖五：俱生我執、法執和分別我執、法執

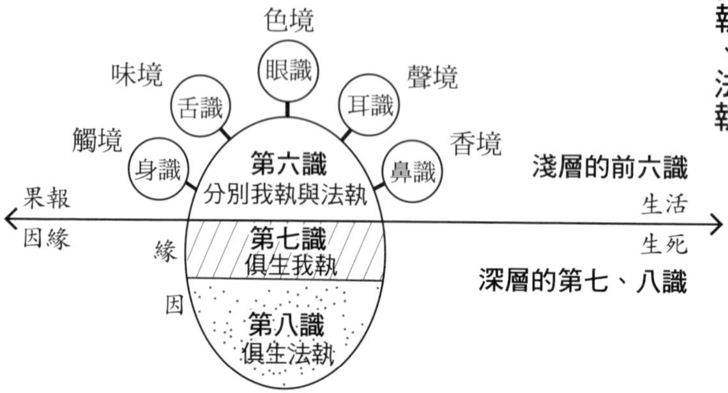

既不是不變的，也無法主宰的，都是互相感應出來的。佛陀要弘法，如果沒有眾生要聽，佛陀也沒辦法開示，所以說「佛度有緣人」。若是沒有因緣，便無法被佛度。我們不知何時會墮入地獄道，至少要儲存佛號的種子，才有資糧能顯現出來，所以要靠平時種下很多佛法的種子，要勤念佛號或菩薩聖號來種下種子，阿賴耶識就是最好的保險箱，善種子是清淨無染的，既不會腐爛也不會發臭，而且能長久一直跟隨我們。存放佛法的善種子，隨時都可以用，不只這世可以使用，下一世也可以用，可以一直不斷地累積、流轉。

地藏菩薩所發的本願是「地獄不空，誓不成佛」，所以地藏菩薩一直在第三大阿僧祇劫「菩薩摩訶薩」當中，不斷地行菩薩道。地藏菩薩這麼慈悲，這真是我們眾生的福報，不論這一生是善是惡，只要心中有佛號的善念，縱然墮入地獄，也有被地藏菩薩解救的機會。

何謂經？

談到《地藏經》經題的「經」字，有人好奇中國有《易經》、《詩經》，這些經和佛經有什麼不一樣？佛經又稱「契經」，我們一般簡稱為「經」。何謂契經？猶如契約是雙方認同所簽署的，所以契經是能上契諸佛所說之理，下契眾生可度之機，因此正確的佛法是能契合諸佛所講的真理法則，相應於有情眾生的根機，才能讓眾生有接受與學習佛法的因緣。

常言佛法有八萬四千法門，其實不止八萬四千法門，而是有多少眾生，就有多少法門，因為每位眾生宿世所累積的種子都不一樣，而且雜染的程度也不一樣，所儲存的種子也不一樣，所以必須契合眾生可度的根機。我們如果沒有契合根機，也是無法接受，更無法得度，所以應該要理解我們本身的情況。從讀誦經典，反觀自己究竟是屬於人天乘以修世間福報為主，或是聲聞乘修解脫道為主，或是菩薩乘以自利利他到圓滿成佛？修行要靠自己下工夫，從諸佛所說的真理法則去培養正知正見，從而找到適合自己的法門。

我們如果沒有上契諸佛所說的真理法則，也就是非正法，即使再費盡工夫也是枉然，因為修行的方向不對，就是走上冤枉路。但是我們也要契合自己的根機，在有生之年中的修行，才有可能長長久久，並且能突破萬難，尤其是生生世世間的隔陰之迷。隔陰之迷是我們在生死輪迴中，都會經過投胎轉世、脫胎換骨，每輩子都是不同的父母生身，而不記得前生事。

雖有隔陰之迷，但是隨著因緣流轉，也會有善根因緣的顯現。我們學佛並非因為親朋好友的邀請，勉強給人面子的人情世故，不得不聽個兩、三天經，可能就此謝絕了。修行不契機，只是做個應付的表面工夫，道路是無法長遠的。修行是生生世世的事，我們這一輩子只不過短短幾十寒暑而已，所能累積修行的工夫與功德實在非常有限，必須要靠生生世世修行來突破隔陰之迷，不斷累積修行資糧，才算踏上「成佛之道」。

譯者實叉難陀法師

《地藏經》的譯者是實叉難陀法師，我們能讀到這部經，實在要感謝實叉難陀法師。他是唐朝的翻譯大師，曾翻譯出一百多部佛典，手不輟筆，直到涅槃入滅。他圓寂後火化，舌頭與鳩摩羅什大師一樣燒不壞，留下舌頭舍利。很多翻譯大師如果所翻譯的經典內容沒有錯誤，過世後會得到舌頭舍利結晶，因為所傳世的都是語言文字，以此與眾生結緣。他們致力於弘法利生，所以舌頭舍利是因緣成熟，自然結成而有的，不是求來的。

修行要找到自己所契機的事，才能投入自己的生命，以此來利益眾生，開出生命燦爛的花朵。修行和弘法利生的方式有很多種，有的人以念佛為主，有的人以禪修為主，有的人以寫作為主，有的人以講經為主，這些都是因為契理又契機的關係，實叉難陀法師則是以翻譯為主。

全經結構概要

《地藏經》共有十三品，經文內容分為三分：序分、正宗分、流通分。「序分」等同於開場白，用人做比喻，像認識人先從臉認識起，讓我們先認識講經的緣起；「正宗分」像身體的五臟六腑，是佛經的主要內容；「流通分」則像能到處行走的腳，護持經典的流通（如表一）。

序分的功能，在於解釋為何有這部經，在何因緣之下形成，如同一本書的開場白。因此，序分也就是第一品〈忉利天宮神通品〉，說明《地藏經》的形成，最主要的因緣就是佛陀到忉利天為母說法，才有這一部經。第一品是屬於「序分」，也是開場。

正宗分則可分為四大內容：明能化之主、明所化之機、明度脫之緣、明成佛之因。

1. 明能化之主

首先明能化之主是地藏菩薩，在第二品〈分身集會品〉介紹地藏菩薩是能夠分

表一：《地藏經》科判表

- 《地藏經》
  - 序分
    - 忉利天宮神通品第一
  - 正宗分
    - 明能化之主
      - 分身集會品第二
    - 明所化之機
      - 觀眾生業緣品第三
      - 閻浮眾生業感品第四
      - 地獄名號品第五
    - 明度脫之緣
      - 如來讚歎品第六
      - 利益存亡品第七
      - 閻羅王眾讚歎品第八
    - 明成佛之因
      - 稱佛名號品第九
      - 校量布施功德緣品第十
  - 流通分
    - 地神護法品第十一
    - 見聞利益品第十二
    - 囑累人天品第十三

身無數億的菩薩摩訶薩，佛陀希望我們能認識和學習地藏菩薩。

2. 明所化之機

經典是契經，要上契諸佛所說之理，下契眾生可度之機，所以地藏菩薩有他所感應的對象與群機。第三品〈觀眾生業緣品〉、第四品〈閻浮眾生業感品〉、第五品〈地獄名號品〉，說明什麼根機的眾生和地藏菩薩有緣。這三品都是明所化之機，眾生的根機是透過業緣業感相應，地藏菩薩對地獄的眾生特別地眷顧和慈悲。

3. 明度脫之緣

第六品〈如來讚歎品〉、第七品〈利益存亡品〉、第八品〈閻羅王眾讚歎品〉，說明如何幫助眾生得到解脫的緣分。

4. 明成佛之因

第九品〈稱佛名號品〉和第十品〈校量布施功德緣品〉這兩品，告訴我們成佛的方法，要種下什麼種子。我們不但具有尚未成熟的法身慧命，並具有佛性，都可以成佛。成佛的「因」是種子，我們不但要種下種子，還要去耕耘、去長養，才有機會讓種子發芽、長大、開花、結果，而到圓滿成佛的時候，就是開花結果。

從第二品〈分身集會品〉到第十品〈校量布施功德緣品〉，這九品都屬於「正宗分」，也是佛經最重要的正文部分，經文的主要內容都在正宗分。

至於如何讓這部經廣為流傳，便要透過結尾的「流通分」，從第十一品〈地神護法品〉、第十二品〈見聞利益品〉到第十三品〈囑累人天品〉。

我們都是與地藏菩薩有緣的眾生，只要依著《地藏經》來修持地藏法門，就是踏上成佛之道，由此不斷向前邁進，圓滿成佛大願。

〈第一品〉

忉利天宮神通品

《地藏經》的序分是第一品〈忉利天宮神通品〉，本經緣起是佛陀到忉利天宮為母說法報恩。佛陀出世七天以後，母親就過世了，往生到忉利天宮，所以佛陀是由姨母扶養長大。如果沒有母親生出佛陀的色身，就不會有佛陀的出世，所以佛陀為報母恩，而到忉利天宮說法。

佛陀修行圓滿的神通有六種：神足通、天眼通、天耳通、他心通、宿命通、漏盡通，天眼通如千里眼能眼觀千里，天耳通如順風耳能耳聽八方。

1. **神足通**

又稱「身通」，可以想到哪裡就到哪裡，不用坐車，也不用搭飛機。以天人來說，他們想到哪裡，「咻」一下就到了，不像我們還要買票搭車。佛陀的清淨法身，更是無所不周、無所不遍，盡虛空、遍法界。

2. **天眼通**

我們凡夫的肉眼所見有限，天人有天眼通，神通所看範圍自然比我們要遼闊許多。佛陀的天眼通更可以看到六道眾生活動和世間萬象，更重要的是透過因緣法，遍及十方世界過去、現在和未來的一切，沒有任何障礙。

3.天耳通

佛陀可以聽聞世間眾生聲，以及佛國淨土諸佛說法，沒有任何障礙。

4.他心通

如《大智度論》所說：「『悉知一切眾生心所趣向』，如日照天下，一時俱至，無不遍明。」佛陀能知六道一切眾生心中的所有想法，造如是因緣，必獲如是果報，如同太陽昇起，照破一切黑暗，無所遁形。

5.宿命通

能知道多生累劫的過去世行為。佛陀要看一切眾生的過去世，實在是易如反掌。天人都有宿命通，但是相比於佛陀，所見仍然相當有限。

6.漏盡通

六種神通的前五通是共通外道的，唯有漏盡通是佛法獨有。「漏盡」是指煩惱滅盡，只有佛法的智慧才能對治煩惱。漏盡是第七識完全轉染成淨，在第二大阿僧祇劫滿，即七地圓滿時，脫離父母生身，能分身無數，直到出清所有雜染的種子，盡虛空、遍法界的清淨，究竟漏盡。

「神通」一詞是方便說，藉此說明佛教和其他宗教不同之處。所有的宗教都需要信仰，沒有信仰就不能稱為宗教了。佛教當然需要信仰，信仰是共一般的宗教與外道；而慈悲心同樣是共所有的宗教和外道；只有「智慧」是不共外道的，也不共其他宗教，甚至不共世間法。

佛教最可貴的是智慧，佛陀為我們留下大量的珍貴經藏法寶，都是他教導我們的智慧，不但能超越世間的束縛，還能世出世入而無礙，減少我們的執著與煩惱，也就是減少「漏」。漏是煩惱的意思，有煩惱而輪迴生死，稱為「有漏」；無煩惱而能出離生死，稱為「無漏」。我們學習佛陀的智慧，雖然無法立即解脫生死，至少可以從調伏煩惱、解脫煩惱下工夫，活得自在些。

如是我聞：一時，佛在忉利天，為母說法。

佛經一般都從「如是我聞」進入經文，除了像是《心經》屬於《大般若經》的一品，〈普門品〉也屬於《法華經》的一品，因為是節錄出來的，開頭便沒有「如是我聞」，通常一部完整的經典，會從「如是我聞」開展而成。

經文的序分，可分為「通序」與「別序」兩種，通序包括六成就，要有六種以上的因緣，才能成就講經說法的法會，六種因緣包括：信、聞、時、主、處、眾。

比方說，舉辦法會至少要有六種的因緣，第一種因緣是「信成就」，要確認主辦單位是否具公信力，活動是否為正法，如果感到懷疑，就不太想參加了。第二種因緣是「聞成就」，要透過海報、網站或電視種種文宣，讓大家獲得法會消息。第三種因緣是「時成就」，確認自己是否能撥空參加。第四種因緣是「主成就」，要確認是由哪位法師主法。第五種因緣是「處成就」，要確認地點在什麼道場。第六種因緣是「眾成就」，要確認聽眾對象有沒有限制條件。由此可知，我們不要以為成就一件事是很簡單的，必須要很多的因緣和合才行，所以我們對因緣法要深入地研究，尤其是佛陀所講的真理法則就是在講因緣法。很多事都要透過因緣法來看，我們才能釋懷，並且願意接受。

一部經典的形成，也是要透過六種因緣來成就。「如是我聞」表示經典內容是由阿難尊者來傳達的，他在佛陀身旁擔任了幾十年侍者，被譽為「多聞第一」，不但聽聞的佛法最多，而且記憶力極佳。「如是我聞」，即是他說：「如同以下所說的這些內容，就是由我阿難親自從佛陀所說聽聞而知的，希望大家生起信仰的心來聽聞佛法。」「如是」就是說「如同以下」，而且「如」是佛陀教導我們宇宙人生的真理法則，要依之而修，乃至真理現象的現前。以「如來」為例，如來是圓滿應證真理而來；「如法不如法」的「如」字，也是說如何與佛法相應，如何能夠了解因緣法的真理法則，合情合理合法。佛教徒不僅要合法律的法、國法的法，還要合佛法的法，也就是「如法」，這個要求更加嚴格。

佛經常用「一時」，不說佛陀說法的時間在西元前多少年、幾月、幾日、幾點，一方面是因為這已成為過去了，另一方面則是印度人對時間比較不重視、不在意，他們在歷史上，對年代的記載比較不清楚，這是民族性的問題。讀印度佛教史是非常困難的事，不容易追溯時間，如果一定要追溯佛陀的年代，通常從阿育王時期做推算的參考，因為關於國王的記載會比較多，時代離佛陀比較近，雖然也相差兩百多年了，但時間上還是比較接近，像我們現在距離佛陀時代已兩千多年，就難以追究。

此外，佛陀在人間和在忉利天的時間是不一樣的，我們很難記載忉利天的時間，所以依佛經就直接用「一時」為代表，表示有過這麼一段時間，佛陀曾為大眾講經說法。

《地藏經》的說法主是佛陀，也就是由釋迦牟尼佛來說法，介紹地藏菩薩。佛陀一般說法的地點，常在舍衛城、王舍城或毘舍離城等人間場域，而《地藏經》則是在忉利天為母說法。

爾時，十方無量世界，不可說不可說一切諸佛，及大菩薩摩訶薩，皆來集會。讚歎釋迦牟尼佛，能於五濁惡世，現不可思議大智慧神通之力，調伏剛強眾生，知苦樂法，各遣侍者，問訊世尊。

「爾時」是指那個時候，雖然聽眾主角是釋迦牟尼佛的母親摩耶夫人，但是參與的眾生對象非常廣闊，「十方無量世界，不可說不可說一切諸佛，及大菩薩摩訶薩，皆來集會」，可以說是盡虛空、遍法界的無量無邊諸佛及諸大菩薩都來與會了，法會非常盛大。

宇宙到底有多大呢？有沒有邊界？很多人認為總有辦法觸碰到宇宙的牆壁，其實是觸碰不到的，因為宇宙是大到無量無邊，所以佛經用「十方」來代表盡虛空、遍法界。十方包括東、西、南、北、東南、東北、西南、西北八方，再加上方與下方。佛經不只論述的空間無量無邊，時間也是非常長久，是以「劫」來計算，而不是用幾年計時而已。換句話說，娑婆世界的人類歷史，都是用年計算，佛經則是用劫在計算。一小劫就已長達一千六百八十萬年難以想像，所以我們說「十方三世一切佛」，「三世」其實就是沒有時間的限制，包括過去世成佛者、現在世成佛者，乃至未來世成佛者。

「十方」代表「空間」，盡十方、遍法界的無量無邊空間，「三世」代表「時間」；從無始劫的過去世到現在世，乃至於無盡的未來世，無始無終的時間軸。十方三世所說的整個宇宙，是無始無終的時間，以及不可限量的十方無量世界的空間，我們所在的娑婆世界，只不過是其中的一個小小的世界而已。「不可說不可說一切諸佛」，在無量的世界裡，有多少位佛呢？無量無數的佛，不只釋迦牟尼佛在娑婆世界為我們說法，在他方世界還有其他的佛和菩薩摩訶薩在說法。菩薩摩訶薩是果位很高，可以分身無數億的大菩薩。這些來自十方的佛菩薩，皆一起來集會。像這樣的描述，可說是大乘經典非常特別的開場方式，透過「盡虛空、遍法界」或「無量無數」這樣的壯闊場景形容，大乘佛經的特質立即就顯現出來了。來自十方法界的佛菩薩是這場法會的聽眾，都是大乘根機者。

與會的佛菩薩都非常讚歎釋迦牟尼佛，因為他並不是在淨土成佛，而是在五濁惡世。釋迦牟尼佛能於五濁惡世，現出不可思議的大智慧神通之力，調伏我們這些剛強的凡夫眾生，並明白化解煩惱與離苦得樂的佛法。諸佛與諸大菩薩因此個別派遣侍者來禮敬釋迦牟尼佛，表達虔誠的敬意。

《阿彌陀經》提及「五濁惡世」說：「釋迦牟尼佛能為甚難希有之事，能於娑婆國土，五濁惡世中，得阿耨多羅三藐三菩提，為諸眾生，說是一切世間難信之法。」五濁包括：劫濁、見濁、煩惱濁、眾生濁、命濁。

1. 劫濁

所謂的濁，就是汙染、雜染，「劫濁」的意思是說，我們一直被時間所束縛。

佛教所說的劫，可分為三種：大劫、中劫、小劫，二十個小劫等於一個中劫，四個（成、住、壞、空）中劫等於一大劫，而三倍的無量大劫便稱為「三大阿僧祇劫」。

宇宙非常廣大，大到要用「光年」來計算空間距離，以此來測量宇宙的空間距離，了解每個星球之間的空間距離。佛教則是用「劫」來計量時間，假如我們每個人本來平均只是十歲而已，每過一百年增加一歲，從十歲一直增加到八萬四千歲，這稱為「增劫」，以此逆推則為「減劫」，佛教的一小劫是一個增劫再加上一個減劫，所以是八百四十萬年乘以二倍，也就是約一千六百八十萬年，等於一小劫。

我們這個時代是減劫的時代，現在差不多到一百歲左右了。我們一直被時間所束縛，沒有人可以逃出時間的束縛，分分秒秒都不停地流轉，這是因為我們凡夫第七識雜染的關係，只有究竟的解脫是清淨無染的，無生法忍以上的大聖者，因為解脫父母生身的束縛，方可以完全不受時間與空間的限制。

2. 見濁

除了時間，我們也被自以為是的見解限制了，比如五種惡見：身見、邊見、邪見、見取見、戒禁取見。

⑴身見：即是「我見」，又稱「薩迦耶見」，不知色身是五蘊和合假有，執著實有的我身，而產生我執、我所執的執見。人都是自以為是，覺得自己的想法最正確。

⑵邊見：又稱「邊執見」，偏執一邊的極端見解，比如有的人認為沒有來生，一死百了，所以遇到人生難關就想自殺。

⑶邪見：是錯誤的見解，否定佛法的因緣果報真理。

⑷見取見：是執著錯誤的見解，自己以為正確的。

⑸戒禁取見：是執著不正確的戒律，以為修此戒律可得升天果報。

3.煩惱濁

由於這五種惡見的錯誤見解，讓我們身、口、意三業充滿雜染，無法得到清淨，常起煩惱惡業。唯識學所說的五十一個心所中，多達二十六個都是煩惱心所，由此可知我們的起心動念有一半以上，都是煩惱心，所以我們生來就是被自己的煩惱所雜染而束縛。

4.眾生濁

我們每個人都是有情識的眾生，皆是因緣和合而生，卻也要面對因緣離散而滅。每個人都有無始劫的過去世，沒有人出生以後能免於死亡，所以我們都經歷「眾生」，自然也經歷了「眾死」，因而一談到死亡，總會「餘悸猶存」。在生命的輪轉當中，就是不斷地眾生、眾死，如此生生死死循環不已，也是由第七識的雜染所形成的，於我們第七、八兩識脫離色身死亡後，第七識全自動地帶著第八識投胎轉生，成長出來世的生命體，構成生生不已的生命之流。

5.命濁

經過眾生濁的生死輪迴現象，所得到的就是命濁，也就是我們無法掌握自己生命的長短，無法避免生、老、病、死，壽命非常有限，因而生命苦短。有位居士很誠懇地問我：「師父，如何透過修行來避免生、老、病、死？」雖然我們說學佛要解脫生死，但那是一個高層次的問題，解脫生死的關鍵是智慧，必須與真理相應，才有解脫生死的機會。

所謂學佛，就是學習佛陀教導我們的真理。有人以解脫生死為修行目標，那就是自了漢走解脫道，但也有人發大乘的菩提心，以成佛為目標，行菩薩道在於幫助眾生解脫生死，與解脫道的質是一樣的，只是在量上擴大了。

了脫生死要透過智慧，在我們未得解脫智慧之前，無法避免生、老、病、死，那該怎麼辦呢？透過般若智慧能知道所有一切現象，都是自己造作的因緣業力所致，這是逃避不了的，所以面對與接受是最好的辦法，才有處理與改善的機會。接著，我們還要再更進一步透過學習般若智慧，放下自性妄執，就能調伏煩惱，造就善業，業障自然容易消散。我們所處的環境畢竟是在五濁惡世中，所以佛陀才會現身說法來教導我們這些凡夫眾生，希望我們在五濁惡世中能懂得修行，提昇生命的品質。

因此，佛陀在五濁惡世當中，現出不可思議大智慧神通之力。相對於「不可思議」，我們本來與生俱來的自私自利，事事都想對自己有所利益，或從我們想得到的、體會得到的角度來看，這都是「可思議」的。我們經常議論別人時會說：「這個人怎麼這麼自私！」這是可思議、可以理解的。其實不只有別人自私，我們自己也很自私，這種自私自利便是可思議。反觀菩薩的修行，明明自己可以解脫生死，卻為了眾生而不忍心解脫，我們便會覺得這是不可思議的。菩薩可以解脫自己的生死，卻願為度眾生而法忍，因為他們的慈悲心重，願意世入，在生死流中為眾生受苦、忍苦，達於無生法忍位，他們脫離父母生身而畢竟世出，於是世出世入非常自在，分身無數，才有可能畢竟利益眾生。

大乘佛法的不可思議之處，就在於菩薩自己能夠了脫而不解脫，卻為眾生願意在生死當中繼續輪迴生死。菩薩的生死輪迴是清楚的，我們凡夫眾生則往往是糊塗的，菩薩甚至達於生死即涅槃的境界，所以說是「不可思議」。大智慧所顯現出的神通之力是非常大的，尤其是無生法忍以後的菩薩摩訶薩，神通變化自在無礙，能夠分身無數億，既有智慧，又有慈悲，所以說行菩薩道是悲智雙運，這樣才有可能來調伏凡夫眾生。

三大阿僧祇劫修行的過程，是從凡夫眾生一直到成佛，經過三大阿僧祇這三個階段。「不可思議」的階段，是在第二大阿僧祇劫和第三大阿僧祇劫的過程，菩薩自己能解脫生死而不解脫，卻願意為眾生留在生死流中利益眾生，這必須要悲智雙運，才能達於無生法忍。每個人的生命修行歷程，都是要經過時間上的淬鍊（如圖六）。

圖六：三大阿僧祇劫的修行過程

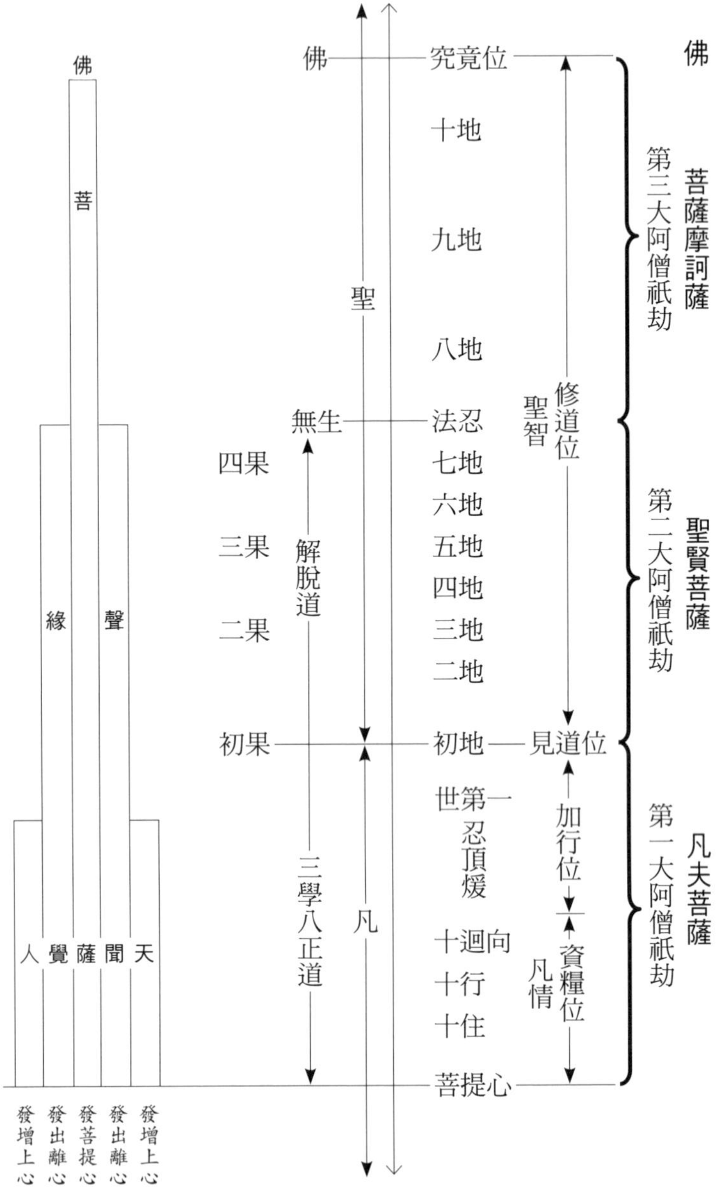

所謂十法界，是指十大類的有情眾生，其中分為四聖六凡（如表二）。六凡的有情眾生迷迷糊糊，不斷地在六道輪迴之內流轉，唯有人道及少數天人能夠一念覺悟，便有機會跳脫出來。解脫生死的關鍵是覺悟的心，為自己則發出離心，行解脫道，成為自了漢；為眾生則發菩提心，行菩薩道，以上求佛道、下化眾生的心，圓成佛道。

六道輪迴又稱為六凡，也就是三界：欲界、色界、無色界，三界其實就是整個世間，所有的宇宙都稱為世間。四聖為：聲聞（阿羅漢）、緣覺（辟支佛）、菩薩、佛，同樣都在宇宙之中。四聖和六凡的差別在於心念的覺悟與否，對生死是覺悟或迷糊？六道包括三善道與三惡道，三善道是：天道、人道、阿修羅道，三惡道是：餓鬼道、畜生道、地獄道。六道如果省略阿修羅道，則稱為「五趣」。

六道是構成整個宇宙的凡夫有情眾生，唯有佛陀在五濁惡世的凡夫束縛中，教導我們解脫的方法，解脫的第一步是聽聞佛法。聽聞佛法是種下種子，透過聽經聞法來理解宇宙人生的真理法則，依據真理法則來修行，達於究竟圓滿而成佛。因此，佛陀被稱為「世尊」，修行最圓滿、至高無上，是世間及出世間共同尊重

表二：十法界

十法界簡介	四聖（覺）	大乘		佛	圓滿菩薩行，一切佛皆成。	福慧具足	覺行圓滿	無上	阿耨多羅
				菩薩	發心名菩薩，眾生最上首，世出世功德，悉由菩薩有。	悲智雙運	覺他	正遍等	三藐
		小乘		緣覺	一切行無常，說諸受皆苦，緣此生厭離，向於解脫道。	由四聖諦、八正道、十二因緣……	自覺	正覺	三菩提
				聲聞		四果　阿羅漢 三果　阿那含 二果　斯陀含 初果　須陀道			
	（迷）六凡（三界、五趣、九地）	無色界	三善道	天	身勝壽亦勝，樂勝定亦勝。	非想非非想處天（非想非非想處地） 無所有處天（無所有處地） 識無邊處天（識無邊處地） 空無邊處天（空無邊處地）			二十八層天
		色界				四禪天（捨念清淨地）　九層天 三禪天（離喜妙樂地）　三層天 二禪天（定生喜樂地）　三層天 初禪天（離生喜樂地）　三層天			
		欲界（五趣雜居地）				空居天	他化自在天 化樂天 兜率天 夜摩天		
						地居天	忉利天（三十三天） 四大天王天		
				人	人中苦樂雜，升沉之樞紐；憶梵行勤勇，三事勝諸天。				
				（阿修羅）	福多瞋亦多，不足為天人。				
			三惡道	餓鬼	餓鬼常飢渴，不淨以為食。				
				畜生	畜生種種異，吞噉驅使苦。				
				地獄	大地獄極熱，近邊遍遊歷，八寒及孤獨，是諸苦中極。				

的人。

只有在人道與天道，才有機會學佛，但是人道比天道機會更大，因為人道苦，才知道要修行，天道的福報太大，反而會障道，就像世間「富貴修道難」。人從凡到聖的關鍵是智慧，菩薩則要悲智雙運，才有可能成就福慧具足的佛。學佛者覺醒的根機可分為兩大類，即是「小乘」和「大乘」。

何謂小乘？聲聞是聽聞佛法以後，能解脫自己生死就感到滿意了，而以解脫自我為目標。聲聞就像騎自行車、摩托車很自在，也可以載人，但是最多只能載一、兩個人。所謂緣覺，是從觀因緣而覺悟了脫者。他可以生在沒有佛法的時間、空間當中，一樣能夠了脫生死，就因為儲存了宿世在阿賴耶識的善根因緣，而能在看到春去秋來、花開花謝的無常變化，從觀果報現象而覺悟因緣法。緣覺又稱為「獨覺」或「辟支佛」，因為是生於無佛或無佛法的時代，獨自覺悟。

聲聞和緣覺，都是以自己了脫生死為目標。菩薩則是要自覺覺他、自利利他，甚至為了幫助眾生，奉獻自己。比方在九二一大地震時，有個警察自己家的房子也倒塌了，但是他公務在身，為了拯救更多的人，完全顧不得自己的房屋狀況，先協助救災，直到完成任務才回家。這是不可思議的，但這樣會獲得眾人的讚歎，乃至眾人的幫忙與援助，而讓善行產生更大的影響力和行動力。菩薩要透過行菩薩道，才能圓滿成佛。

學佛者首先自己要有覺悟、覺察的能力，也就是「自覺」的能力，這就是發「菩提心」的覺悟，時間久了，逐漸觀察自己心量的大小，不論心量的大小，從菩提心開始，朝著「三菩提」就是「正覺」的累劫努力，這是信仰與智慧的建立，又能隨緣盡分地廣結善緣修福報，儲存修行的福報資糧，這是第一大阿僧祇劫的功課。心量大的人，不僅自覺，還想要「覺他」，在菩提道上能有同願同行者，希望能幫助他人一起覺悟，讓更多眾生都能擁有自覺的能力，這就是從自覺覺他到覺行圓滿，也就是從正覺到正遍等正覺。所謂「周遍」，不是自己正覺而已，菩薩所做的就是把正覺更加周遍，透過行菩薩道達到無上的正遍等正覺，也就是成佛的「阿耨多羅三藐三菩提」。

大家同樣是生生不已的生命之流，卻有不一樣的深度，我們一定要知苦樂法，雖然有人說自己活得很快樂，但是快樂無法永遠不變，即使是一家人快樂團圓在一起，天下卻沒有不散的筵席，家庭人口會不斷地增增減減。因此，雖然在短暫的人生中，能獲得一些快樂，但是我們要從體會無常，明白人生的苦，快樂一旦消逝，我們便會覺得痛苦。佛法所說的苦來自無常，「知苦」就是要我們體會無常，雖然人生有快樂的時候，但本質上還是無常的，還是苦的，也因為苦，我們才懂得修行。

當我們知道苦，就能安住在佛法當中，安樂自在於佛法當中，所以說「知苦樂法」，願意在法當中體會法喜。當對佛法的體會是正確的時候，我們會感到喜悅，這即是「法喜」。我們要從知苦樂法當中，調伏我們剛強的個性，學佛最重要的就是調伏自我，先修正自己，才有能力去幫助別人。

是時，如來含笑，放百千萬億大光明雲——所謂大圓滿光明雲、大慈悲光明雲、大智慧光明雲、大般若光明雲、大三昧光明雲、大吉祥光明雲、大福德光明雲、大功德光明雲、大皈依光明雲、大讚歎光明雲。

當侍者們向釋迦牟尼佛請安完畢後，釋迦佛歡喜地笑容滿面，放出了無數道大光明雲。「如來」即是佛陀，也就是釋迦牟尼佛。「光明雲」的光明，是從智慧心來的，雲則是從慈悲心來的。光明如果像烈日一般，我們會覺得太熱了，悲憫眾生要用雲遮著，讓光線比較溫和，才會感到舒適。

此外，佛陀用的是大光明雲，「大」意指大乘，大乘佛教的心量、心胸，是非常廣闊的，會現瑞相，而且這種瑞相是遍十方、盡法界。有些人會說：「奇怪！既然能夠盡十方、遍法界，我們怎麼都看不到呢？」這是因為我們的執著障礙到自己了，就好像銅牆鐵壁把自己給困住，而看不見光明，感受不到溫暖，無法體會佛陀的智慧和慈悲。修正關鍵在於第六識要先「轉迷啟悟」，由「相有」進入「性空」，第七識才能逐漸「轉染成淨」。這好像一面髒汙的鏡子，照不清楚不是因為無法映照，而是被自己的汙染、雜染所障礙，所以要行菩薩道，慢慢地將第七識的汙垢轉淨，達於菩薩摩訶薩時，就能顯現出光明。

這些大光明雲，無論是大圓滿、大慈悲、大智慧等光明雲，都是來自於佛陀的慈悲與智慧，並且有大乘佛教的廣大性，是無所不遍的智慧、慈悲。「般若」是緣起性空的智慧，所以稱「大般若光明雲」。「大三昧光明雲」是修定所放出來的光明雲，「大吉祥光明雲」、「大福德光明雲」是持戒的功德果報，透過戒、定、慧三學，行菩薩道，成就佛陀圓滿的「智慧與慈悲」。成就佛果的「大功德光明雲」、「大皈依光明雲」，都是讓眾生想要依靠的光明雲。至於「大讚歎光明雲」，則是讚歎諸佛菩薩不可思議智慧的光明與慈悲的溫暖。

放如是等不可說光明雲已，又出種種微妙之音——所謂檀波羅蜜音、尸波羅蜜音、羼提波羅蜜音、毘離耶波羅蜜音、禪波羅蜜音、般若波羅蜜音、慈悲音、喜捨音、解脫音、無漏音、智慧音、大智慧音、師子吼音、大師子吼音、雲雷音、大雲雷音。

在放了各種妙不可言的光明雲後，佛陀發出的十六種微妙之音，前六種：檀波羅蜜音、尸波羅蜜音、羼提波羅蜜音、毘離耶波羅蜜音、禪波羅蜜音、般若波羅蜜音，其實就是「六度」。1.「檀波羅蜜音」是「布施波羅蜜」，「檀」為

「布施」。2.「尸波羅蜜音」是「持戒波羅蜜」，「尸」為「尸羅」的簡稱，意指「戒」。3.「羼提波羅蜜音」是「忍辱波羅蜜」。4.「毘離耶波羅蜜音」是「精進波羅蜜」。5.「禪波羅蜜音」是「禪定波羅蜜」。6.「般若波羅蜜音」是「智慧波羅蜜」。所謂「五度如盲，般若為導」，六度是依「般若」領導其他波羅蜜音，而有六波羅蜜音。佛陀先出六度法音，教導眾生以六度為行菩薩道的根本大法。

至於「慈悲音」、「喜捨音」，即是「慈悲喜捨」的「四無量定」，四種無量定的「慈」是予人快樂，「悲」是拔除痛苦，「喜」是隨喜功德，「捨」能怨親平等。「解脫音」是佛陀教導眾生於生死輪迴中，實踐菩薩慈悲喜捨，從自我了脫生死的小解脫，到幫助眾生出離生死的大解脫，所出現的微妙法音。

「無漏音」的「無漏」，是從有漏的功德轉為無漏，關鍵在於第七識的煩惱痛苦能否解除，這要透過戒、定、慧三學的修持，特別是智慧，才可能從有漏轉為無漏，達成佛陀教導眾生的無漏音。

「智慧音」的「智慧」，能使我們解脫，跳脫世俗的束縛；而「大智慧音」是大乘的智慧，不但能使眾生因為智慧，跳脫世俗的束縛，更因為慈悲又願意主動投入世俗，是世出又世入的大乘智慧，不只是自我了脫，還能協助眾生解脫，這才是符合佛陀的大智慧音。

獅子是萬獸之王，只要一發出聲音，森林猛獸皆驚。我們說佛法如同獅子吼，讓人不能等閒視之，都會仔細傾聽，因為佛法超越世間法，談的都是有生之年的事情，如果面對死亡，世間法就英雄無用武之地，不管再有學問，都無法協助我們面對生死。「師子吼音」是指佛法的智慧如同獅子吼一樣地能警醒我們，不要只有沉浸在世間法中。「大師子吼音」則是指大乘佛法、大乘佛經的法音，不只求解脫自我，更能行菩薩道，幫助更多的眾生同得解脫。

「雲雷音」是雲中發出雷聲，表示即將要下雨滋潤大地眾生。「大雲雷音」則是指我們在生命流轉當中，不只是上求佛道，解脫生死，還要以佛法服務眾生，讓大雨滂沱普潤眾生，眾生法雨均霑，一同踏上成佛之道。

出如是等不可說不可說音已，娑婆世界及他方國土，有無量億天龍鬼神，亦集到忉利天宮。

在佛陀放光現瑞和出微妙音之後，從娑婆世界和他方世界，多到數不清的天龍鬼神也都來到忉利天宮集會。

由於《地藏經》是在忉利天宮說法，所以要知道忉利天宮究竟在天界的哪個地方。忉利天宮屬於欲界裡的天道。欲界分為天道、人道、餓鬼道、畜生道、地獄道，欲界的天道又可分為兩部分：

1. **地居天**

依於須彌山頂上的是地居天，地居天有兩層天：下層是四天王天，上層就是忉利天。忉利天的天主是釋提桓因，類似中國的玉皇大帝，因此中國學神學仙者，總往高山上去，其實忉利天在天界裡的地位並不高。

2. **空居天**

脫離須彌山騰空而住的是空居天。位在他們四周圍的，則是四大部洲：南贍部洲、北俱盧洲、西牛賀洲、東勝身洲。但依高度而分為須焰摩天（夜摩天）、兜率陀天（兜率天）、化樂天（樂變化天）、他化自在天。

以上這六天屬於欲界的天，欲界的天比較容易去，只要持五戒十善，並布施廣結善緣，不需要修定，便可生到欲界天。彌勒菩薩就在兜率天，魏晉南北朝早期的彌勒像都是交腳而坐，作思惟像，到了明、清以後，才以彌勒化為布袋和尚。四川樂山大佛就是彌勒佛，兩腳垂足而坐，因此修彌勒法門，不需要修禪定。

所謂四天王天、忉利天、須焰摩天、兜率陀天、化樂天、他化自在天、梵眾天、梵輔天、大梵天、少光天、無量光天、光音天、少淨天、無量淨天、遍淨天、福生天、福愛天、廣果天、無想天、無煩天、無熱天、善見天、善現天、色究竟天、摩醯首羅天，

三界共有二十八天，欲界有六天；色界有十八天，初禪天、二禪天、三禪天都各有三天，四禪天有九天；無色界有四天。四天王天是天界最低層的天，往上是忉利天、須焰摩天、兜率陀天、化樂天、他化自在天，四天王天、忉利天是「地居天」，之後四個天是「空居天」，這些都屬於「欲界六天」。

欲界天再往上是「色界四禪十八天」，梵眾天、梵輔天、大梵天，都是「初禪

天」，梵眾天是百姓，梵輔天是官員，大梵天就是天主。「梵」是清淨的意思，表示修梵行。再往上是「二禪天」，二禪天以光為音，包括少光天、無量光天、光音天。再往上是「三禪天」，包括少淨天、無量淨天、遍淨天，這三禪是各有三層的天。再往上是「四禪天」，四禪九天：包括福生天、福愛天、廣果天、無想天、無煩天、無熱天、善見天、善現天、色究竟天。其中福生天、福愛天、廣果天、無想天，為四禪天裡的「有漏天」，只要我們凡夫眾生的禪定工夫足夠，便能入四禪，但有漏天仍屬凡夫所居的天。廣果天和無想天的層次雖然相同，但是「無想天」是通外道。無煩天、無熱天、善見天、善現天、色究竟天，這五天是「五不還天」，屬於「無漏天」。無漏天可提供三乘聖果所居住的天，四果阿羅漢已經了脫生死，能夠不受生命生滅的影響，可以深定住在四禪天的無漏天。「摩醯首羅天」為色究竟天的天主，並非另有一重天。摩醯首羅天又稱「大自在天」，也就是魔王，所以佛教不會祭祀（如表三）。

表三：天界詳表

三界	天界	九地	特質
欲界（五趣雜居地）	地居天	四天王天	東方持國天、南方增長天、西方廣目天、北方多聞天 以布施、不殺功德，得生此天。將死時，五衰相現：衣裳垢膩、頭上花萎、身體臭穢、腋下出汗、不樂本座，生大苦惱。
		忉利天	以布施、不殺、不盜功德，得生此天。
	空居天	須焰摩天	以布施、不殺、不盜、不邪淫功德，得生此天。
		兜率陀天	以布施、身三口四善戒功德，得生此天。
		化樂天	以布施、持戒、多聞、廣修十善功德，得生此天。
		他化自在天	以布施清淨、持戒轉深、好樂多聞、孝養父母、恭敬師僧功德，得生此天。

色界			
初禪天	離生喜樂地：以戒勝，得戒增上。	梵眾天：百姓 梵輔天：宰官 大梵天：天主	以禪悅為食，離苦受。 因有意識，故有憂喜受。 因眼、耳、身識，故離苦有樂受。 火燒初禪。
二禪天	定生喜樂地：以定勝喜俱，得光明增上。	少光天：百姓 無量光天：宰官 光音天：天主	以光為音。 五識不起作用，離憂有喜受。 水浸二禪。
三禪天	離喜妙樂地：以慧勝樂俱，得淨樂增上。	少淨天：百姓 無量淨天：宰官 遍淨天：天主	已伏意識，故離喜有樂受。 尚有出入息，故感風災。 風吹三禪。
四禪天	捨念清淨地：淨德圓明。 前三禪天得福德增上，此禪天得捨定增上。	福生天 福愛天 廣果天 無想天 無煩天 無熱天 善見天 善現天 色究竟天	遠離憂喜、苦樂、尋伺、出入息。 前四天為有漏天：於福愛天分歧，一往廣果天；一往無想天。 後五天為不還天：為三乘聖人所居之處。 水、火、風大三災不能到。

無色界		
空無邊處天	空無邊處地	厭色礙，堅修空觀，空處無色而存空。
識無邊處天	識無邊處地	色空粗緣已無，轉心緣識，識處空亡而存識。
無所有處天	無所有處地	空色俱亡，識心亦滅，能所緣寂，一無所有。
非想非非想處天	非想非非想處地	因不存而苦盡，無下地粗想，故曰非想。存而非盡，不達妄想無性，不入涅槃道，曰非非想。

編案：九地又名九有。三界共有九地：五趣雜居地、離生喜樂地、定生喜樂地、離喜妙樂地、捨念清淨地、空無邊處地、識無邊處地、無所有處地、非想非非想處地，欲界占一地，色界、無色界各占四地。

色界四禪就修行來說，初禪天為「離生喜樂定」，主要是以「戒」為殊勝，因為持戒的殊勝，得到戒的增上，由此可知，持戒能我們幫助不斷地往上提昇。二禪天為「定生喜樂定」，以「定」為殊勝，和喜結合在一起，所得到的是光明的增上，會不斷地更加光明和有智慧。三禪天為「離喜妙樂定」，因為他們很快樂，所以和樂受結合在一起，所得的是淨樂增上，也就是清淨快樂增上緣。四禪天為「捨念清淨定」，在捨念清淨地當中，可以達於淨德圓明，比前述三禪更加圓滿。因此，前面的初禪天、二禪天、三禪天是得到「福德」的增上，而四禪天是得到「捨定」的增上，因為捨念清淨，不只修定，還有捨。

乃至非想非非想處天，一切天眾、龍眾、鬼神等眾，悉來集會。

「乃至非想非非想處天」，其實已包括無色界的四個天：空無邊處天、識無邊處天、無所有處天、非想非非想處天。非想非非想處天是三界中最高的天。所有三界廣大的天眾、龍眾，以及鬼神、人非人等，也都一起到忉利天宮來集會。

色界仍有色身的束縛，但是身識已經不起作用了，所以初禪還有眼、耳、身識，而鼻識、舌識已經沒有作用，到二禪天則眼、耳、鼻、舌、身、識全不起作用，雖然識根在，但是識的作用漸漸沒有了，所以受色身的拘束會愈來愈少，而有虛無飄渺的感覺。一旦來到無色界天的時候，幾乎能夠不受色身的束縛，但是這達到比四禪還要深的禪定，才能居住在此。佛陀教導修禪定的目標在於驗證智慧，如

圖七：佛教禪修只鼓勵修至四禪

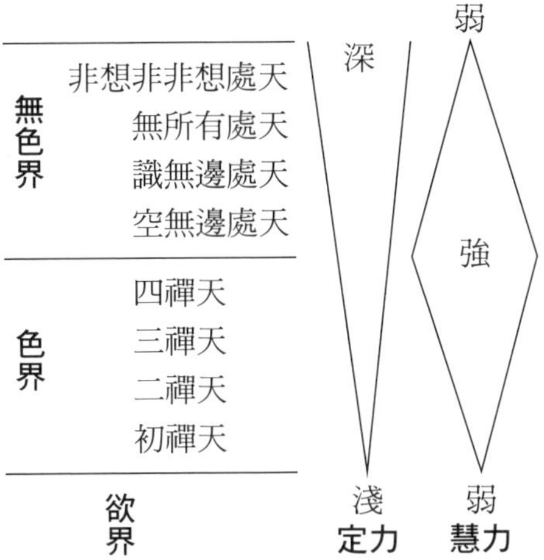

果修定太深，對於修智慧是沒有幫助的，所以修行的目標不再往上生無色界天，而且離人間太遙遠，對眾生的利益太稀少，所以佛教最多鼓勵來到色界四禪天，即使是三乘聖者也是一樣（如圖七）。

「空無邊處天」主要是厭離色的障礙，所以堅持修空觀，空處無色而存空。無色界是修禪定的工夫，並非修智慧，縱然有空的觀念，但還是有自我的執著，行者觀色身內外如虛空，心如鳥，關閉於瓶中，當瓶破了，鳥得飛出，得空無邊處定。

無色界畢竟還在三界當中，無色界可說是外道的定，佛教的定是不鼓勵到無色界去，因這裡對修智慧沒有幫助。外道縱然驗證到一些空，卻一樣執著於空，所以在空處雖然是無色，卻還存在空的觀念和依靠，所以稱為「空無邊處天」。

「識無邊處天」是透過前定「空無邊處定」，依靠觀空來到此，由於色空的粗緣已經沒有了，所以轉心緣識。行者觀虛空，因為已經無色蘊，只緣受、想、行、識蘊，亦無常、苦、空、無我，也是虛妄、非實，而捨虛空只緣識，以現前識，緣著過去、未來的無量無邊識，識無量無邊，也如同虛空無量無邊，所以名為「識無邊處天」。

「無所有處天」則一是空色俱亡，二是識心也滅了，能所緣寂。「能」是我們的「識心」，「所」是「空與色」，這兩項已經寂滅而一無所有，所以稱為「無所有處天」。

至於「非想非非想處天」，「非想」是沒有粗想，「非非想」是沒有粗想，但並非沒有細想，也就是「無粗想，並非無細想」，而這個細想，就是第七識的執著、雜染，正是我們流轉生死的根本。只要第七識有雜染、有執著，就無法解脫生死。因此，無色界的頂天，只修最深的定，依然是無法解決生死輪迴。了脫生死的關鍵是智慧，加上修定輔助，才能解脫生死。

所謂修行，就是要戒、定、慧三學合一，其中的關鍵是慧學，這是我們出離三界的根本，佛陀教導我們修禪定是為驗證慧學，因此只鼓勵修到四禪，再上去四無色定，雖然定力加深了，慧力卻減弱，意義就不大了，再加上無色界，離人間太遙遠了，也不鼓勵修此深定，這也是佛教和其他宗教最大的不同處，其他宗教的慧學遠遠不及佛教。戒、定、慧三學要能並行，起碼能提供解脫道了脫生死的本事，菩薩道一樣要有解脫生死的智慧，只不過慈悲心重，心量大，想幫助眾生解脫生死，因此必須悲智雙運，也就是六度萬行，但是「五度如盲，般若為導」，般若是菩薩道的智慧。所以修菩薩道者要具足戒、定、慧三學的基礎，再加上六度萬行，才可能圓滿成佛之道。

復有他方國土，及娑婆世界海神、江神、河神、樹神、山神、地神、川澤神、苗稼神、晝神、夜神、空神、天神、飲食神、草木神，如是等神，皆來集會。

「復有」是還有的意思，來到忉利天宮的，還有其他世界的眾生。山河大地、日月星辰都有諸神的駐守，娑婆世界的眾神也一起浩浩蕩蕩前來與會，包括海神、江神、河神、樹神、山神、地神、川澤神、苗稼神、晝神、夜神、空神、天神、飲食神、草木神，大家都來了。

復有他方國土，及娑婆世界諸大鬼王——所謂惡目鬼王、噉血鬼王、噉精氣鬼王、噉胎卵鬼王、行病鬼王、攝毒鬼王、慈心鬼王、福利鬼王、大愛敬鬼王，如是等鬼王，皆來集會。

娑婆世界除了眾神，許多大鬼王也都前來赴會。有何鬼王呢？「惡目鬼王」眼露凶光；「噉血鬼王」專門吸血；「噉精氣鬼王」專門吃人精氣，「噉胎卵鬼王」專門吃胎兒或眾生；「行病鬼王」是瘟疫使者帶來疾病。惡目鬼王、噉血鬼王、噉精氣鬼王、噉胎卵鬼王、行病鬼王這五位，都是惡鬼王。

「攝毒鬼王」收攝萬物毒素，使之不害眾生；「慈心鬼王」愛念眾生，遠離怖畏；「福利鬼王」福德助人，成就善法；「大愛敬鬼王」愛護眾生，鼓勵行善。攝毒鬼王、慈心鬼王、福利鬼王、大愛敬鬼王這四位，都是善鬼王。不管是諸惡鬼王或諸善鬼王，他們都一起到忉利天來聚會。

爾時，釋迦牟尼佛告文殊師利法王子菩薩摩訶薩：「汝觀是一切諸佛菩薩，及天龍鬼神，此世界，他世界，此國土，他國土，如是今來集會，到忉利天者，汝知數不？」

為何稱文殊師利菩薩為法王子？因為佛陀是法王，而菩薩摩訶薩則是將來必定成佛者，故稱法王子。佛陀為何在此特別挑選文殊師利菩薩來說話呢？因為文殊師利菩薩智慧第一，他的智慧能讓與會的大眾產生信心，跟著一起相信。

由於各個世界的眾多佛菩薩和天龍鬼神，都齊聚在忉利天宮，佛陀便問文殊師利菩薩：「你知不知道他們的數目有多少？」佛陀之所以問文殊師利菩薩，因為他是菩薩摩訶薩，能以法眼來觀察。凡夫眾生用的是肉眼，天人眾用的是天眼，聲聞眾用的是慧眼，而菩薩摩訶薩用的是法眼，成佛以後則是用佛眼。佛眼無所不至，沒有任何地方能夠隱瞞。法眼只要與法能夠相應處，都能了了分明，所以觀看的範圍亦非常廣大。

文殊師利白佛言：「世尊！若以我神力，千劫測度，不能得知。」

文殊師利菩薩回答：「以我的神通法力來說，即使經過千劫如此長久的時間來思量、測度，也無法得知到底有多少與會者。」無生法忍以上的菩薩，能夠神通變化，自在無礙，但是文殊師利菩薩如此高果位的大菩薩，竟然以長達千劫的時間都算不出數量，表示這次的法會非常隆重，與會的眾生多到算不完，是無量無數。因此，在此是由文殊師利菩薩來證明與會者之多。

佛告文殊師利：「吾以佛眼觀故，猶不盡數。此皆是地藏菩薩久遠劫來，已度、當度、未度，已成就、當成就、未成就。」

佛陀告訴文殊師利菩薩：「不只你不知道，即使是我用佛眼來看，也是無法算盡。這些都是地藏菩薩從久遠劫以來，過去已經救度、現在應該救度、未來尚未救度的眾生，是過去已經修成佛、現在正修成佛、未來尚未修成佛的眾生。」

文殊師利白佛言：「世尊！我已過去久修善根，證無礙智，聞佛所言，即當信受。小果聲聞、天龍八部，及未來世諸眾生等，雖聞如來誠實之語，必懷疑惑，設使頂受，未免興謗。

文殊師利菩薩對佛陀說：「我從久遠的過去開始修習善根，並且證得圓融無礙的智慧。因此，能一聽到佛陀的話就深信不疑，可是那些小乘聲聞、天龍八部，以及未來世界的眾生，他們雖然聽到佛陀懇切真誠的話語，都還是會有懷疑心，即使表面上表示願意領受，可能也只是做個樣子，內心未必能夠真心接受，甚至可能會毀謗佛法。」文殊師利菩薩其實過去早已成佛，佛號龍種上尊王佛，但是他倒駕慈航，為度眾生而再回來做菩薩摩訶薩，所以他的智慧是自在無礙的，能完全信受佛陀所說的話。

如果善根福德因緣不夠，即使親耳聽聞到佛陀所說的真實語，可能也會懷疑、困惑，因為眼光、智慧、心量不足，眼光短淺，所見有限，還無法非常完全接受大乘佛法，因為不契機就不能接受，甚至會毀謗。因此，佛陀請文殊師利菩薩來發言，就是希望能讓這些根機不足的眾生修正觀點。

唯願世尊，廣說地藏菩薩摩訶薩因地作何行、立何願，而能成就不思議事？」

文殊師利菩薩希望佛陀能詳細地宣說，關於地藏菩薩故事的來龍去脈，知道他在因地做了哪些善事，而種下了善種子，以及立下什麼大願，又如何行持他的願力，為什麼能成就如此不思議的事。以此讓所有眾生都有機會好好地了解地藏菩薩，清楚以後，我們的疑惑就會減少，而人只要斷疑，就能夠相信。

佛告文殊師利：「譬如三千大千世界，所有草木叢林，稻麻竹葦，山石微塵，一物一數，作一恆河，一恆河沙，一沙一界。一界之內，一塵一劫，一劫之內，所積塵數，盡充為劫。地藏菩薩證十地果位以來，千倍多於上喻。何況地藏菩薩在聲聞、辟支佛地。

佛陀告訴文殊師利菩薩說：「譬如在三千大千世界中的所有草、木、叢、林、稻、麻、竹、葦、山、石、微塵，每一物做為一個數目，每一數目都做為一條恆河，將每一條恆河中的每一粒沙，當作是一個世界。在每一個世界中，將每一粒微塵，當作是一個劫，而在每一劫中所累積的微塵數，都用來當作劫數。地藏菩薩從證得十地果位以來，所經過的時間和度化的眾生，千倍於上面所做譬喻的數目了。更何況地藏菩薩是從聲聞、辟支佛逐步修起，所經歷的時間則又要更久了。」地藏菩薩在無數劫以來的無量無數生命輪轉當中，為眾生所做的一切，以及他度化眾生的大悲願力，都是大到無可計數，不可思議。

文殊師利！此菩薩威神誓願，不可思議。若未來世，有善男子、善女人，聞是菩薩名字，或讚歎，或瞻禮，或稱名，或供養，乃至彩畫、刻鏤、塑漆形像，是人當得百返生於三十三天，永不墮惡道。

佛陀告訴文殊師利菩薩說：「地藏菩薩的威力神通和大誓願力，真是不可思議，無法衡量！如果未來世有善男信女能夠聽聞到地藏菩薩名字，或是讚歎、瞻仰禮拜，或稱念名號，或是供養地藏菩薩，甚至是彩繪、雕刻、塑漆他的相貌，所得的福報，他將能一百世來往於三十三天，永遠不會墮入惡道。」三十三天也就是忉利天，能依此修福報的人，將可以來往天界享福無量無數，得到很大的福報，能生於天界，這也表示能夠不墮入三惡道。我相信所有的佛教徒只要願意，一樣能夠得到很大的法寶，一樣能夠得到這麼大的福報。

文殊師利！是地藏菩薩摩訶薩，於過去久遠不可說不可說劫前，身為大長者子。時世有佛，號曰師子奮迅具足萬行如來。時長者子，見佛相好，千福莊嚴，因問彼佛：『作何行願，而得此相？』時師子奮迅具足萬行如來告長者子：『欲證此身，當須久遠度脫一切受苦眾生。』

佛陀告訴文殊師利菩薩，地藏菩薩在過去久遠到不可說、不可說，說不盡的劫數裡，曾經是位大長者子，也就是大富人家的兒子。那時候的佛，是師子奮迅具足萬行如來。由於佛經所講的時空都非常廣大，都是無量無數，所以要用時間、空間來定位時，便會說某某世界是某一位佛陀在的時候，比如說在賢劫的娑婆世界，教主是釋迦牟尼佛的時代，以此來定位我們這個時代，不然面對無量無數的宇宙空間，以及無量無數的時間過程，實在是很難定位。佛經為了要定位地藏菩薩在過去為長者子的時間和空間，所以就用師子奮迅具足萬行如來做為那個時代的時空定位，那不是只有幾千或幾萬年，實在是難以計數的無量無數劫前。

佛有三十二相、八十種好，每百福成就一相，三十二相有三千二百福，便稱為「千福莊嚴」。一旦成佛，一定是三十二相、八十種好都具足的，所以看到佛法相莊嚴，也是能夠度化眾生，當我們善根因緣足夠的時候，見到佛就會起歡喜心，想要出家向佛學習。地藏菩薩在身為大富人家的兒子時，見到佛的相好莊嚴，也是如此。因此，他便請教當時的師子奮迅具足萬行如來，過去修什麼功德，發什麼願，才能得到如此圓滿的莊嚴相貌呢？佛告訴他：「你如果想要證得相好莊嚴，必須發大願，在久遠劫中度化、解救所有受苦、受難的眾生。」換句話說，就是如果你願意行菩薩道，度化眾生至究竟圓滿，也一樣能成為莊嚴相好的佛。

文殊師利！時長者子，因發願言：『我今盡未來際不可計劫，為是罪苦六道眾生，廣設方便，盡令解脫，而我自身，方成佛道。』以是於彼佛前，立斯大願，于今百千萬億那由他不可說劫，尚為菩薩。

佛陀告訴文殊師利菩薩，長者子因而發願說：「我從現在開始，直到盡未來無盡的劫，要為在六道輪迴所有受苦的罪業眾生，廣設種種方便法門，讓他們可以全部獲得解脫，然後我自己才要成佛。」如果地獄眾生沒有度盡，自己就不成佛，所以長者子所發的大願是大到非常不可思議。長者子能發這麼大的大願，也是一直生生生世世不斷累積過來，才能感應到這麼大的福報、這麼多的眾生，皆來聽經聞法。

由於長者子在師子奮迅具足萬行如來面前，立下大願，希望久遠劫以來，能夠度脫一切受苦的眾生，所以在經歷了漫長到百千萬億劫，「那由他」是無量無數劫，難以計數的不可說劫數之後，現在的地藏菩薩仍然還是菩薩，尚未成佛。

又於過去，不可思議阿僧祇劫，時世有佛，號曰覺華定自在王如來。彼佛壽命，四百千萬億阿僧祇劫。像法之中，有一婆羅門女，宿福深厚，眾所欽敬；行住坐臥，諸天衛護。其母信邪，常輕三寶。是時聖女，廣說方便，勸誘其母，令生正見。而此女母，未全生信，不久命終，魂神墮在無間地獄。

地藏菩薩身為長者子之後的另一世，是婆羅門女的故事。婆羅門是印度的四種種姓之一，因是從梵天的口中而生，所以位居四姓最高位。在印度四姓中，只有婆羅門可以修行，接受人們的供養。地藏菩薩在這一世，為婆羅門的女兒。

又在過去的無量無數不可思議阿僧祇劫中，非常久遠劫以前，當時世間有一位佛，名號為覺華定自在王如來。佛的壽命非常長，長達四百千萬億阿僧祇劫，經中許多的數字，都是表示無量無數，「阿僧祇」也是無量無數、不可計數的意思。覺華定自在王如來的像法時代，每尊佛的圓滿成就後，都會有正法時代、像法時代與末法時代。當時有一位婆羅門女，她經過長期的修行，所以累積了非常深厚的善根和福報。她的福報深厚，是因宿世有修。因此，大眾都很欽佩和敬重她，甚至連她的起居生活，都有護法神來保衛守護。

但是婆羅門女母親的信仰，並非正信的，而是邪信，所以她常常輕賤三寶，甚至出言毀謗。婆羅門女想盡辦法要勸導母親改邪歸正，可是母親一直沒辦法完全生起正信。婆羅門女對母親不只是盡孝道，而且是盡大孝。所謂大孝，是指一般的孝順可能是物質上的供養，但是大孝能在思想上、心理上做供養，我們如果能用佛法來奉養父母，鼓勵他們聽經聞法，從而生起正見、正信，便是盡大孝，這是一種最大的孝順。婆羅門女的母親，不久後就死亡了，由於她生前邪信，而且經常輕賤三寶的關係，所以魂神便墮落入無間地獄。

時婆羅門女，知母在世不信因果，計當隨業，必生惡趣。遂賣家宅，廣求香花，及諸供具，於先佛塔寺，大興供養。見覺華定自在王如來，其形像在一寺中，塑畫威容，端嚴畢備。時婆羅門女，瞻禮尊容，倍生敬仰。私自念言：『佛名大覺，具一切智，若在世時，我母死後，儻來問佛，必知處所。』

婆羅門女非常清楚她的母親，在世時不信因果報應，她猜想母親必然是隨業墮落惡道。婆羅門女是很有智慧的人，平常也關注著母親有沒有造惡業，但是這究竟還是要看自己，如果不肯改過，即使女兒再孝順也是無能為力。婆羅門女於是變賣房子家產，以購買最好的香、花和各種供佛的器具來供佛，這都是為了替母親多造一些福報。她在各處的佛像、佛塔、佛寺都盡心盡力地供養，以為母親結善緣、修福報。她在佛寺裡見到覺華定自在王如來的佛像，威儀容貌非常莊嚴，所以她在瞻仰禮拜時，加倍生起敬仰的心。造佛像的功德非常無量，因為佛像能夠方便度化人，讓人看到佛像的莊嚴，而起正信的念頭，從而踏入佛門。

婆羅門女私底下暗想：「既然佛的名號是大覺，是位大覺者，想必是具有佛的一切智智，必定是無所不知、無所不曉的，如果這位佛在世，即使母親已經去世，我如果能請教佛，母親究竟墮落到哪裡，佛一定會知道去處的。」

時婆羅門女，垂泣良久，瞻戀如來。忽聞空中聲曰：『泣者聖女！勿至悲哀，我今示汝母之去處。』

此時，婆羅門女愈想愈傷心、愈想愈痛苦，在她低頭哭泣的時候，仍舊會不時抬頭看著佛像，捨不得離開，希望能夠求得佛的感應。忽然間，她聽到空中有聲音告訴她：「聖女，不要再這麼悲傷哭泣了！我現在就告訴你，你的母親到什麼地方去了。」由於在印度，婆羅門是最高的種姓階級，所以婆羅門女也稱「聖女」。

婆羅門女合掌向空，而白空曰：『是何神德，寬我憂慮。我自失母以來，晝夜憶戀，無處可問知母生界。』

婆羅門女聽到空中傳來的聲音後，以為是神仙來安慰她，所以趕緊合掌朝空中問：「請問究竟是哪位神仙在寬慰我的痛苦、憂慮？我自從失去母親以來，不分日夜地思念、惦念著她，卻沒有地方能問到母親究竟投生在哪裡。」婆羅門女是個大孝女，不只她對母親生前非常孝順，死後也如此關心，知道母親的去處一定不好，非常放不下心，卻無法得知不好到什麼程度，問不到母親的去處。婆羅門女可以說生來也是來報母親恩的，雖然母親沒有正信，但是應該過去生仍然有修福報，才可能生得這麼孝順的女兒。只可惜她的母親智慧不足，不知道恭敬三寶，也不明白持戒的重要性，因此說修福報比較容易，修智慧比較困難。

時空中有聲，再報女曰：『我是汝所瞻禮者，過去覺華定自在王如來。見汝憶母，倍於常情眾生之分，故來告示。』

這時，空中又有聲音回答婆羅門女說：「我就是你所禮拜的過去覺華定自在王如來，因為你這麼虔誠地禮拜我，看見你如此想念你的母親，大大地超過了人之常情，所以特別來告知你的母親投生的地方。」

覺華定自在王如來為什麼要說自己是過去佛？因為佛的正法時期，距離現在世比較近，像法時期是在正法時期之後，婆羅門女生於像法時期，所以覺華定自在王如來說他是過去佛。

婆羅門女為什麼能感得覺華定自在王如來現前呢？婆羅門女明明知道母親造了許多惡業，卻始終不放棄，一直勸誘母親改過向善，直到母親死後仍然心心念念，仍然非常在意母親，可以說至誠懇切到了極點，所以才能與佛相應道交。

婆羅門女聞此聲已，舉身自撲，肢節皆損。左右扶侍，良久方蘇，而白空曰：『願佛慈愍，速說我母生界。我今身心，將死不久。』

婆羅門女聽到覺華定自在王如來的聲音後，高興到情不自禁地朝空中撲下頂禮，結果身體撲倒在地後，四肢關節都跌傷了，但是她對此卻在所不惜。她的身旁有僕人、奴婢等左右扶持她，她當時好像暈死過去，一段時間後，才慢慢地甦醒過來。她於是對空中說：「請佛大發慈悲可憐我，趕快說出我母親究竟生在何處。我現在身體受傷，心也破碎，不多久後可能就會死了。」

時覺華定自在王如來告聖女曰：『汝供養畢，但早返舍。端坐思惟吾之名號，即當知母所生去處。』

這時，覺華定自在王如來告訴聖女說：「你供養完畢以後，就趕快回家吧！以禪修的方式端坐，正心念佛，不斷地正念思惟我的名號，自然就會得知你母親的去處了。」

時婆羅門女，尋禮佛已，即歸其舍。以憶母故，端坐念覺華定自在王如來，經一日一夜。

此時，婆羅門女在虔誠禮佛以後，就回家去了。因為她非常想念母親，就依照佛所說的方法，很認真地端坐正念覺華定自在王如來的名號，足足念了一整天、一整夜。

我常常勸勉大家一定要好好念佛，不論是阿彌陀佛、藥師佛或釋迦牟尼佛都可以，一定要找到和自己契機的佛菩薩。為了契合我們的根機，自己必須要做功課，這門功課就是找到契機的佛菩薩名號。如果平常能下這種念佛的工夫，不但可以消災解厄，也可以心想事成，就像婆羅門女的情形一樣。

> 忽見自身，到一海邊。其水涌沸，多諸惡獸，盡復鐵身，飛走海上，東西馳逐。見諸男子女人，百千萬數，出沒海中，被諸惡獸爭取食噉。又見夜叉，其形各異，或多手多眼，多足多頭，口牙外出，利刃如劍，驅諸罪人，使近惡獸，復自搏攫，頭足相就。其形萬類，不敢久視。時婆羅門女，以念佛力故，自然無懼。

忽然間，婆羅門女看見自己來到一處海邊。這種情形好像是入定，在定境中會有種種的境界出現，因為她心心念念就是求佛告訴她母親去哪裡，所以才能相互感應，這其實是要下一番工夫的。海邊照理來說應該是很清涼的，但是婆羅門女來到的海邊，竟然出現很多奇怪的現象，不但海水是滾燙的，翻騰不已，而且海上有非常多鐵身的凶猛惡獸。這些惡獸在海面上飛奔馳走，東奔西跑，相互追趕。

她還看到很多男女眾生在海裡浮浮沉沉，被惡獸爭相吞食，並且有很多長得奇形怪狀的夜叉，有的長很多手、眼、腳、頭，一個身體有好幾個頭，或很多身體合在一起，青面獠牙，牙齒鋒利如刀劍，長得非常駭人，他們凶狠地驅趕罪人，逼他們靠近惡獸，讓惡獸互相搏鬥，去捉捕那些罪人，讓他們的頭、腳相抵。夜叉和惡獸一起玩弄罪人的情況千奇百怪，非常恐怖殘忍，讓人毛骨悚然，實在看不下去了。婆羅門女因為是念佛的緣故來至此，不會有危險，自然不會感到害怕。

婆羅門女不是隨業力來此，而是依願力而至，自然無所畏懼。到地獄有兩種力量，一種是業力，你如果罪大惡極，死後必然墮入地獄；另一種就是願力，像地藏菩薩是發願要到地獄救眾生，婆羅門女也是如此。

有一鬼王，名曰無毒，稽首來迎，白聖女曰：『善哉！菩薩何緣來此？』時婆羅門女問鬼王曰：『此是何處？』無毒答曰：『此是大鐵圍山西面第一重海。』聖女問曰：『我聞鐵圍之內，地獄在中，是事實不？』無毒答曰：『實有地獄。』

有一位名為無毒的鬼王，叩頭迎接婆羅門女，問她為何來此。無毒鬼王知道她非因業力來此，而是依願力來，其中必有因緣，便前來請問。結果，婆羅門女反問鬼王她究竟身在哪裡。無毒鬼王回答：「這是大鐵圍山西面第一重海。」婆羅門女又問：「我聽說鐵圍山裡有地獄，這是真的嗎？」無毒鬼王表示這是事實。

聖女問曰：『我今云何，得到獄所？』無毒答曰：『若非威神，即須業力，非此二事，終不能到。』聖女又問：『此水何緣，而乃涌沸？多諸罪人，及以惡獸？』無毒答曰：『此是閻浮提造惡眾生新死之者，經四十九日後，無人繼嗣為作功德，救拔苦難，生時又無善因，當據本業所感地獄，自然先渡此海。

海東十萬由旬，又有一海，其苦倍此。彼海之東，又有一海，其苦復倍。三業惡因之所招感，共號業海，其處是也。』

聖女對來到地獄的因緣感到很疑惑，所以請問無毒鬼王，她為什麼會來到地獄。無毒鬼王回說：「如果不是神通力，便是業力，如果不是這兩種因緣，永遠也不可能來到地獄。」除了業力，必須有願力，才能與佛的威神之力相應，如果沒有願力，縱然有佛的威神之力，我們也沒有機會去。

聖女又問無毒鬼王：「這裡的海水為何會滾沸不已？又為什麼這麼多的罪人，還有這麼多惡獸在虐待他們？」無毒鬼王回說：「這些都是在人間的作惡眾生，而且剛死不久，如果死後經過四十九日，沒有人為他們做功德，救他們出離苦海，而在活著的時候，又沒有行善的因緣，就會根據他在世時的本業，而招感地獄的果報，必然要先渡過這第一重海。在此海的東面相距十萬由旬遠的地方，又有一重海，那裡所受的苦楚更為加倍。在那海的東面，又有一重海，那裡的業報痛苦更是倍增。是什麼原因產生這種海呢？這三重海都是由眾生生前所造的身、口、意三業所招感而來，名為業海的地方，就是這裡了。」

剛臨終的人，在死後的四十九日內，因為還沒有決定一定轉生到哪裡，如果能好好把握四十九天的黃金時間，將有機會免受地獄之苦。一旦錯此良機，被判入地獄道，要等業報受盡，往往都要好幾億年，因為地獄受報是以「劫」來計算時間的，所以短期間很難出來了。因此，如果墮入地獄，四十九天當中趕緊做功德，便有機會得到救拔。

業海裡的罪人，因為沒有後代子孫或善因，所以無人為他做功德，救拔他的苦難，只能在那裡受罪。這提醒我們在有生之年，要廣結善緣，才能得善因，即使沒有兒女、沒有後代，至少有善友可協助誦經念佛，做功德。但是更重要的是，不想來到業海受苦，我們自己就要持戒來保持身、口、意三業的清淨。如何保持三業清淨呢？身業要不殺生、不偷盜、不邪淫，口業要不妄語、不惡口、不綺語、不兩舌，意業要不貪、不瞋、不癡，能夠如此，三業便不會因無明起煩惱，能將三業變成十業，持守十善業。身心如果修得不好，就是十惡業，十惡業就是三業的惡因，會招感地獄道的果報。「業海」和我們觀海所看的風景全然不同，千萬不要因造惡業而來到此地。

聖女又問鬼王無毒曰：『地獄何在？』無毒答曰：『三海之內，是大地獄，其數百千，各各差別。所謂大者，具有十八。次有五百，苦毒無量。次有千百，亦無量苦。』

聖女又問無毒鬼王：「地獄到底是在哪裡呢？」無毒鬼王回答說：「在這三重海之內，就是大地獄。地獄的數量非常多，有數百千種這麼多，甚至每一個地獄都不太一樣。大地獄總共有十八個，次等地獄有五百個，每個地獄所受的苦楚都是無量，再更次一等的小地獄，也是一樣要承受無量苦。」地獄最大的特色就是苦，除了苦以外還是苦，只有苦受，沒有任何一點樂受。

聖女又問大鬼王曰：『我母死來未久，不知魂神當至何趣？』鬼王問聖女曰：『菩薩之母，在生習何行業？』聖女答曰：『我母邪見，譏毀三寶。設或暫信，旋又不敬。死雖日淺，未知生處。』

聖女又問無毒鬼王：「我母親死後並沒有多久，不知道魂神到底在哪裡？」無毒鬼王問：「你的母親在世時，都做些什麼事？」所謂「行業」，就是身、口、意業所行的起心動念，會自然形成因緣業力，終究成為來世的業報身。無毒鬼王所問的「行業」，並非是問做哪門生意或工作，而是問她生前的起心動念與所作所為究竟為何。

聖女回答說：「我的母親在世時，因見解錯誤，所以譏毀佛、法、僧三寶，有時暫時相信，但過了一陣子卻又不信了，而且沒有恭敬心。她去世的時間雖不久，但我卻不知道她轉生到哪裡去了。」婆羅門女母親的問題根源，是在邪見。由於婆羅門女的勸誘，有時加加減減，短期間還相信一下，但她應該是宿世的習慣性，所以很難產生正確的見解。

想要堅定信仰，必定要從正知正見來著手，因為知見是修行的引導，我們的意業會引導我們的身業、口業。因此，造惡業往往都是因為意業上的見解錯誤，所以知見一定要調整正確，意業正確，身業的行為就會正確，口業的話語不會是妄語、惡口、兩舌或綺語。

無毒問曰：『菩薩之母，姓氏何等？』聖女答曰：『我父我母，俱婆羅門種。父號尸羅善現，母號悅帝利。』無毒合掌，啟菩薩曰：『願聖者卻返本處，無至憂憶悲戀。悅帝利罪女，生天以來，經今三日。云承孝順之子，為母設供、修福，布施覺華定自在王如來塔寺。非唯菩薩之母得脫地獄，應是無間罪人，此日悉得受樂，俱同生訖。』鬼王言畢，合掌而退。

無毒鬼王問婆羅門女的母親姓氏和種姓。婆羅門女說：「我的父親和母親都是婆羅門的種族，我的父親名字是尸羅善現，母親名字是悅帝利。」

婆羅門女的父母，都是非常高階級的婆羅門種。在印度，婆羅門是最尊貴的種姓，印度有四個種姓階級，婆羅門是最高的階級，第二階級是剎帝利，也就是王公貴族，第三階級是吠舍，也就是士、農、工、商的老百姓，第四階級是最下層的首陀羅，也就是奴隸。

無毒鬼王尊稱婆羅門女為菩薩，是因為她具有相當願力，才能來到此處。無毒鬼是雙手合掌，請她趕快先回家，不需要再為母親擔憂，因為她母親脫離地獄生天，已經有三天了。為什麼無毒鬼王一聽到悅帝利的名字，馬上就知道她在哪裡了？因為鬼王負責掌管地獄的男女罪人，所以他很清楚他們的狀況。

婆羅門女的母親為什麼能從地獄生天呢？這都要歸功於她有個孝順的孩子，為她變賣家產，設齋修福做功德，於覺華定自在王如來塔寺累積布施功德，所以福報非常大。不只是她的母親因此功德，得以脫離地獄，連同那些本應在無間地獄受苦的罪人，在這一天也同得恩澤，而能隨著她的母親一起生天享福了。無毒鬼王在地獄道的身分，就等於是位地獄的官員，負責管地獄的百姓，所以他說完話後，也非常有禮貌地合掌而退。

有的人疑惑，婆羅門女的母親明明有重罪，死後布施做功德就能既往不究嗎？為何墮入地獄，還有福報生天？其實我們所有的業力，不是完全絕對的惡，在惡當中也有善的部分，然而，大善人也不是完全的善，有時也會起煩惱。大惡之人，也不盡然全然惡念，一般人對此是沒什麼疑問的，但是每個人難免對家人都還是會起善念。同樣地，那些能隨著婆羅門女的母親一起生天的地獄眾生，本身的種子一樣有善的部分，善種子仗婆羅門女孝順母親的善根願力，得到了成熟的機會。

婆羅門女，尋如夢歸。悟此事已，便於覺華定自在王如來塔像之前，立弘誓願：『願我盡未來劫，應有罪苦眾生，廣設方便，使令解脫。』

婆羅門女很快地就像做夢醒過來一樣，發現自己還在家裡，但是她剛才的經歷並非做夢，而是藉著定境，真的去了一趟地獄。婆羅門女覺悟了這件事以後，發現自己不只能救母親，連帶當時所有在無間地獄受苦的眾生，都能夠受福蔭生天，便於覺華定自在王如來塔像之前發大願：「願我窮盡未來的劫數，能為一切造罪應受苦報的眾生，都廣設種種方便法門，以幫助他們得到解脫。」

未來劫是無窮盡的，沒有終點，所以「盡未來劫」是無量無限的，婆羅門女所發的願是永遠沒有終點，永不停止，她以母親為發願緣起，等視所有眾生都如同她的母親一樣，希望都能離苦得樂。婆羅門女正是用這種廣大無邊的慈悲心，希望對所有罪苦眾生都廣設方便。因為母親作惡的關係，所以她特別眷顧罪業的眾生。

如果我們有無數劫的過去世，便表示也有無數的父母，雖然現在所認識的只有這一世的父母，但其實還有無數的未來世，也能和無數的父母結緣。我們如果看待所有眾生，都是如同對待自己的父母一樣用心，這就是慈悲心的擴大。

佛告文殊師利：「時鬼王無毒者，當今財首菩薩是。婆羅門女者，即地藏菩薩是。」

經文在此又回到釋迦牟尼佛，他告訴文殊師利菩薩，當時的無毒鬼王就是現在的財首菩薩，而婆羅門女就是地藏菩薩。

第一品〈忉利天宮神通品〉至此完結，《地藏經》的一個開場白，雖然如此之長，卻可以啟發我們的孝心，學習地藏菩薩將度脫母親的孝心緣起，擴大至發願度脫所有的罪苦眾生，從而開展我們的大願法門。

〈第二品〉

分身集會品

第二品進入本經的正宗分，《地藏經》的主角是地藏菩薩，本品重點為釋迦牟尼佛介紹地藏菩薩，也就是「明能化之主」。第二品名為〈分身集會品〉，是地藏菩薩將所有千百億分開的化身，全部聚集在一起。菩薩要修行到第二大阿僧祇劫圓滿，達於「無生法忍」位，完全脫離父母生身的束縛才能夠分身，以及蒙佛授記。修行至第二大阿僧祇劫圓滿時，未來一定會成佛，因為第七識的雜染已經完全轉染成淨，不再具有投胎轉世的能力，就能分身無數，隨處祈求隨處現。接下來的第三大阿僧祇劫，只要能將阿賴耶識中，曾被第七識雜染過的種子出清存貨，完全究竟清淨圓滿，就能成佛了。

如果第七識是雜染的，即使第六識思善，產生善種子，儲存到阿賴耶識也是雜染的善種子；如果是思惡的惡種子，則更加是雜染的惡種子。因此，我們一定要解決第七識的雜染，但是修行無法直接從第七識清除雜染，需要從第六識著手。我們為什麼要讀經？正是從第六識來「轉迷啟悟」，修行方能從「相有」進入「性空」的般若智慧，再讓第六識影響第七識「轉染成淨」。

爾時，百千萬億不可思、不可議、不可量、不可說、無量阿僧祇世界，所有地獄處，分身地藏菩薩，俱來集在忉利天宮。

由於佛陀要於講經說法時介紹地藏菩薩，便召請所有的地藏菩薩分身，全都來到忉利天宮。因此，多到難以計數的各個世界、所有地獄處的地藏菩薩分身，便都來到了忉利天宮。「百千萬億」表示非常多，「阿僧祇」也是無量無數的意思。

地藏菩薩的分身無量無數，只要罪苦的眾生對地藏菩薩有求，地藏菩薩必應。然而，我們在祈求的同時，有時也可能起疑心：「不知道有沒有效？」這表示我們的信心不足，如果虔誠心不足，便無法調至地藏菩薩的頻道，自然沒有效應，所以這是我們自己的問題，而非菩薩不慈悲。地藏菩薩隨時隨地都對應著我們，但是我們如果接收不到或調頻調不對，菩薩也是莫可奈何。因此，我們平常就要有調頻的能力，如何練習調頻呢？就是透過持誦經典，理解與體會菩薩的慈悲願力，然後持念菩薩的名號，必然能準確得多了。

很多人會有一種「多念多保佑」的想法，而貪求多位佛菩薩，覺得念地藏菩薩聖號的加持力不夠，又來持觀音菩薩聖號，心裡卻還是感到不安，於是阿彌陀佛佛號也持，藥師佛佛號也持，以為這樣比較保險，萬無一失。可是當災難突然現前時，自己整個人卻傻住了，因為佛菩薩名號多到不知道該念哪一尊，最後連一句佛號都來不及念，也就無法安心。其實，平常持誦佛號，只要專心持一尊即可，即使我現在正在介紹《地藏經》，也不會要求大家一定要持誦地藏菩薩的聖號，我們只要確認自己究竟和哪位佛菩薩有緣，自然相應就好，例如原來持誦觀音聖號，就可以繼續持誦觀，或是持誦阿彌陀佛佛號。我一直勸勉大家一定要找到與自己契機的佛號，內心才能產生安定的力量。

以如來神力故，各以方面，與諸得解脫從業道出者，亦各有千萬億那由他數，共持香花，來供養佛。彼諸同來等輩，皆因地藏菩薩教化，永不退轉於阿耨多羅三藐三菩提。

因為如來具有大威神力的緣故，透過各種方面，面對從業道解脫出來的眾生，多到千萬不可勝數，這些都是被地藏菩薩所救拔過的眾生。「那由他數」的意思是無量無數，多到數不清的眾生都同持香花來供養佛陀。「彼諸同來等輩」，一起來的不只是地藏菩薩的分身，還有被地藏菩薩度化過的所有眾生，這些同來的眾生皆因曾受地藏菩薩教化的關係，而得以永不退轉於「阿耨多羅三藐三菩提」。

所謂阿耨多羅三藐三菩提，即是成佛的佛果。成佛要發大願，由於成佛的過程非常長久，長達三大阿僧祇劫，一旦遇到逆境，很容易退失道心。想要不退失道心，必須下相當大的工夫。真正的不退轉，是順境時能勤勉用功，逆境時不怨天尤人，能坦然面對與接受逆境的考驗，感恩逆境磨練出自己的智慧，知道不是佛菩薩不保佑，而是自己因緣業力的關係。學佛不是為了保證我們從此一帆風順、平安無事，學佛最可貴處，是遇到逆境知道如何轉化，這就是一種智慧的體驗。

是諸眾等，久遠劫來，流浪生死，六道受苦，暫無休息。

「是諸眾等」，是指我們這些凡夫眾生。我們從久遠劫來，其實都是在流浪生死，像流浪漢一樣無家可歸。不清楚生死大事，就是流浪生死，如果知道生死是怎麼一回事，願意行菩薩道，那就是「流轉生死」，而非「流浪生死」了。

我們要認識並且運用生死，才能和眾生同在一起，而有機會行菩薩道，發慈悲心修福報。在發菩提心踏上成佛之道前，其實都是流浪生死，因而「六道受苦，暫無休息」。在六道中只能被動地、糊塗地不斷輪迴，受業力所牽引的種種痛苦，是無法休息的，因為沒有智慧與禪定；如果能夠放下萬緣，就可以讓自己得到休息。

以地藏菩薩廣大慈悲，深誓願故，各獲果證。既至忉利，心懷踊躍，瞻仰如來，目不暫捨。

原本流浪生死的眾生，在六道輪迴受苦，暫無休息，因為地藏菩薩的慈悲願力，不但救拔他們出離三惡道的苦輪，甚至能受持佛法、行菩薩道，乃至證得佛果。因此，這些得度的眾生既已來到忉利天宮，都非常激動與歡喜，能有機會親眼看到佛陀，自然眼睛都捨不得閉上。

爾時，世尊舒金色臂，摩百千萬億不可思、不可議、不可量、不可說、無量阿僧祇世界諸分身地藏菩薩摩訶薩頂，而作是言：「吾於五濁惡世，教化如是剛強眾生，令心調伏，捨邪歸正。十有一二，尚惡習在。

「金色相」是佛陀的三十二相之一，佛身和手足都是真金色。佛陀以金色的手臂，撫摩百千萬億個分身地藏菩薩的頭頂。如果只摩一個人的頭就簡單了，不需要用金色臂，用一般色身就可以摸頭了，但是要撫摩無量無數世界分身地藏菩薩的頭頂，那可就得動用大威神力了。

佛陀對所有的分身地藏菩薩說：「我在五濁惡世教化剛強的眾生，希望他們能調伏自心，改邪為正，但是十個中總有一、兩個惡習過重，無法教化。」佛陀即使非常努力，發了無量無限的大願，也無法度化一切眾生，總有一、兩成的眾生是真的度化不成。

我們都屬於非常頑固的剛強眾生，自以為是，剛愎自用。剛強的眾生要從哪裡修行起呢？要從心下手，如果我們可以調伏自心，就會變得柔軟，而「捨邪歸正」，捨離邪見，建立正知正見。

為什麼會有連佛都無法教化的眾生呢？因為眾生的惡習性，實在太厲害了！主要是第七識的雜染難以清除，所謂「冰凍三尺，非一日之寒」，宿世以來的嚴重雜染，無法在一時之間化解。佛陀為人說法的核心是真理法則，世間果相皆不可離因緣法。我們愈能看透因緣法，便愈接近真理。因此，想要轉雜染為清淨，除了修福報，也要修智慧，只有智慧能讓我們轉雜染念為清淨，因為要放下執著，才能與真理相應。一旦懂得真理，我們就比較不會起顛倒，而能減少無明煩惱，從無明慢慢地變得清明起來，這就是智慧的力量。

吾亦分身千百億，廣設方便。或有利根，聞即信受。或有善果，勤勸成就。或有暗鈍，久化方歸。或有業重，不生敬仰。如是等輩眾生，各各差別，分身度脫。

佛的境界比菩薩摩訶薩高，但也是從菩薩摩訶薩一路修行過來，所以同樣可以分身百千萬億，廣設方便。度化眾生要先隨順眾生，有些眾生具有較利的根機，一聽聞佛法就能信受；有些眾生較有善果報的，勤勸也能成就；但也有暗鈍無明較嚴重的眾生，則需要更長的時間慢慢來勸解。雖然大部分的眾生可以被度化，還是有業力深重者難以對佛法生起敬仰心。所有眾生都各有差別，而需要分身度化。

我們宿世以來所累積的種子，都是不一樣的，但是只要有善根福德因緣，就有機會被度化，如果善種子少，得度的機會也較少，而不容易被度化，這便需要佛菩薩來分身度化。

或現男子身，或現女人身，或現天龍身，或現神鬼身，或現山林川原、河池泉井，利及於人，悉皆度脫。或現天帝身，或現梵王身，或現轉輪王身，或現居士身，或現國王身，或現宰輔身，或現官屬身，或現比丘、比丘尼、優婆塞、優婆夷身，乃至聲聞、羅漢、辟支佛、菩薩等身，而以化度。

佛陀也能分身百千萬億，當需要以男子身、女人身、天龍身、神鬼身等度化時，便化現為這些身：或是善於運用山林川原、河池泉井利益於人。佛陀都有神通方便善巧現這些身，以讓一切眾生都有機會得到度脫。

佛陀有時現天帝、梵王、轉輪王、居士、國王、宰輔、官屬等身，為何要現統治者的身分呢？轉輪王身是比較仁慈的國王，如果能以慈悲的方式統治國家，百姓將會受到利益與感化。佛陀有時現比丘、比丘尼、優婆塞、優婆夷等身，也就是出家、在家的男女四眾身，乃至聲聞、羅漢、辟支佛、菩薩等身，以方便感化救度。

非但佛身，獨現其前。汝觀吾累劫勤苦，度脫如是等難化剛強罪苦眾生。其有未調伏者，隨業報應。

「非但佛身，獨現其前」，佛陀不是只以佛身來度化一切眾生，也能用應化身來度化。所謂應化身，就是看眾生需要用什麼身度化，就變現什麼身，無論是出家身或在家身都可以，佛陀要如何變化都可以。佛陀下了種種苦心，都是為了度化這些難化剛強罪苦的眾生。

佛陀說：「你們看我累劫這樣勤勉勞苦，想要度脫難化剛強罪苦的眾生，然而即使如此努力，也無法度盡一切眾生，對於未能調伏者，只好放棄，讓他們隨業報應。」佛陀對於眾生是不執著的，只是隨緣盡分而已，因為即使是佛陀，也無法違反真理法則，讓造極惡者免受地獄之苦。

若墮惡趣，受大苦時，汝當憶念吾在忉利天宮，殷勤付囑。令娑婆世界，至彌勒出世以來眾生，悉使解脫，永離諸苦，遇佛授記。」

釋迦牟尼佛成佛以後，彌勒佛是娑婆世界的下一尊佛，可是在彌勒菩薩尚未成佛的五十多億年，值此無佛期間，眾生該怎麼辦呢？釋迦牟尼佛哀憫受苦的眾生，以及那些隨惡業墮入三惡道，受大苦的未調伏者，希望地藏菩薩能記得他在忉利天宮的殷勤付囑，吩咐什麼呢？讓娑婆世界的一切眾生，在彌勒佛出世以前，仍有機會解脫，永離諸苦，甚至能蒙佛授記。換句話說，就是在無佛為導師的時代，讓眾生因為有地藏菩薩的守護，一樣能夠用功修行、行菩薩道，直到第二大阿僧祇劫圓滿的時候，自然能夠遇佛授記。

佛法如何幫助眾生解脫痛苦呢？曾有位居士實在不忍心看到親人生病痛苦，而到處幫他祈福消災，問我能夠用什麼方式減輕親人的痛苦。說實在的，佛陀教導我們遇到一切問題，一定要尋求正常道來處理，只有正常道才是長久之計。生、老、病、死是人之常情，我們必須要接受色身生病這件事，如果一直不停地到處求神問卜，表示自己其實是拒絕接受面對現實。

什麼是正常道？就色身來說，即是將生病這件事交給醫學。有人認為醫學對很多絕症都束手無策，如何能相信醫學？其實醫學本來就不是萬能的，醫學只能「醫生」，不能「醫死」。當人還有生命現象時，醫生才有辦法醫治，一旦生命結束了，就回天乏術，無法救治。事實上，我們學佛就是在學生死，特別是學習如何面對死亡。雖然醫學並非萬能，無法解決所有的病苦，卻是一種正常道，讓我們不必像無頭蒼蠅似地盲目亂飛；同時，佛陀也不是萬能的。因此，我們要「盡人事」，也就是用醫學來醫治色身，接受生病這件事，身心反而才能得到安頓。把病人送到醫院好好地接受治療，能夠治療到什麼程度就治療到什麼程度。此外，可以將我們的修持功德迴向給病人，這也是一種很大的助緣。

然而，人終究會死亡，只是要先能接受生病，才能接受死亡，如果我們連病苦都無法接受，如何能接受死亡呢？所謂智慧，就是能坦然接受逆境。如何培養智慧呢？需要建立佛法的觀念，知道生命的來龍去脈，我們才能接受生、老、病、死，並將逆境當作鍛鍊來學習。我們如果能以佛法來善觀因緣，便能由此產生智慧。因此，一切都要用正常道才能長久，學佛也是如此，能以平常心面對問題，才是真正的修行與智慧。

爾時，諸世界分身地藏菩薩，共復一形，涕淚哀戀，白其佛言：「我從久遠劫來，蒙佛接引，使獲不可思議神力，具大智慧。我所分身，遍滿百千萬億恆河沙世界。每一世界，化百千萬億身。每一身，度百千萬億人，令皈敬三寶，永離生死，至涅槃樂。但於佛法中，所為善事，一毛一渧，一沙一塵，或毫髮許，我漸度脫，使獲大利。唯願世尊不以後世惡業眾生為慮。」

在聽了佛陀的殷切囑託後，各個世界的分身地藏菩薩合而為一，變成一尊地藏菩薩摩訶薩，他感動地流下眼淚對佛陀說：「我自從久遠劫以來，一直蒙佛慈悲接引。我都是因為得到佛陀的教導與自己的實踐，才能獲得不可思議的神力，具有大智慧。」由此可知，從釋迦牟尼佛到彌勒佛中間的無佛時代，佛陀其實已經幫我們找好了老師，請託地藏菩薩來教導我們。

雖然佛陀的應化身已不在世間，但我們仍能得到佛陀的教導，因為他的法身依然在世，我們所讀的經典就是佛陀的法身。我們之所以還能夠聽經聞法，還能夠體會佛陀的法身，也都是蒙佛接引。

地藏菩薩因蒙佛接引，得到大智慧，才能隨緣權巧變通來度化眾生。地藏菩薩所有的分身能遍滿百千萬億恆河沙世界，每一粒沙都等同於一個世界，每一個世界也有無量無數的眾生，而地藏菩薩能於每一個世界化百千萬億身來度化世界的所有眾生，每一身還能夠度化百千萬億人，皆使他們皈依三寶。

「皈敬三寶」，即是皈依三寶、受持三寶。佛弟子是否能名為佛弟子？要看是否皈依三寶，這是踏入佛門的入門磚。皈依三寶必須發起信仰的心、尊敬的心，如果對三寶的信仰及敬仰不夠，就無法產生學佛的信心。當然，如果學佛的因緣尚未成熟，也無法勉強。假設我們對三寶的信心不夠，就應該要加強，透過了解佛法開啟智慧，慢慢地啟發善根。地藏菩薩希望所有的眾生都能皈依三寶，因為這樣才有機會永離生死，到達涅槃彼岸，感受那份寂靜的安樂。

學佛行善不一定要做很大的善事，所有善事的功德，其實都是從點點滴滴的微細中累積而來，無論是小至一根毛、一滴水，或一粒沙、一微塵，甚至是小如毫髮的善事，地藏菩薩也有威神力來協助眾生得到度脫，透過微小的善念累積功德，讓眾生獲得很大的利益。由於我們娑婆世界的眾生非常剛強難調，佛陀很擔心沒有佛菩薩願意度化我們，因而地藏菩薩做出承諾，只要眾生能學佛行善，他必守護，希望佛陀不以後世惡業眾生為慮。

然而，即使有地藏菩薩的守護，最怕的就是我們連這一點善念都沒有。無論是一個善念或一件善事，都是非常珍貴的，不可輕視，因為這些都是我們重要的修行本錢。我們常說要「種福田」，必須要先有了菩提種子，才有機會種福田，即使只是小小的種子，只要有機會播種，就會生根發芽、長大茁壯、開花結果，得到無量無數的花果。因此，我們不要輕視善念、善事，縱然只有一點點，地藏菩薩都會透過威神力，讓我們的菩提種子可以慢慢地發芽，長大後開花結果，獲得很大的利益。

如是三白佛言：「唯願世尊不以後世惡業眾生為慮。」

地藏菩薩如是三次告訴佛陀說：「請您不用煩惱，不用為後世的惡業眾生顧慮。」地藏菩薩發願將承擔起教化眾生的責任。

爾時，佛讚地藏菩薩言：「善哉！善哉！吾助汝喜。汝能成就久遠劫來，發弘誓願，廣度將畢，即證菩提。」

地藏菩薩不但發大願，而且願意力行，一明白佛陀的慈心顧慮，立刻就承擔起來。因此，佛陀聽後讚美地藏菩薩說：「很好！很好！你能有這麼大的願，我願意協助你，也很為你感到歡喜。你將能成就久遠劫以來所發的弘誓大願，等你圓滿廣度眾生，就能證得佛果。」雖然需要度化的眾生是無量無數，但是終歸仍有希望，只要所有惡業眾生能得到度化，地藏菩薩就能成佛。

於第二品〈分身集會品〉裡，無量無數分身地藏菩薩集為一身，對佛陀三次重申願心，願意代佛陀承擔重責，繼續度化眾生。在本品中，也說明了什麼眾生能被地藏菩薩度化。如果我們希望能有得度的機會，就要呵護自己的善念，樂於行善，成為地藏菩薩的大願同行者，這樣一定和地藏菩薩有緣。

〈第三品〉

觀眾生業緣品

第三品〈觀眾生業緣品〉的內容，是談眾生業力因緣，也就是業緣的關係，觀察眾生為何會墮入地獄的因緣，透過地藏菩薩回答摩耶夫人的提問來呈現。由經文可以得知，不是所有的眾生都能得到度化，關鍵在於如果和佛法不相應，佛菩薩也實在沒辦法度化。度化眾生要透過眾生的業力因緣做為著力點，所以要先造因緣，才有結果報的機會。從第三品〈觀眾生業緣品〉、第四品〈閻浮眾生業感品〉到第五品〈地獄名號品〉，都是「明所化之機」，說明什麼樣的眾生是能被地藏菩薩度化的根機。

爾時，佛母摩耶夫人，恭敬合掌，問地藏菩薩言：「聖者！閻浮眾生，造業差別，所受報應，其事云何？」地藏答言：「千萬世界，乃及國土，或有地獄，或無地獄，或有女人，或無女人，或有佛法，或無佛法，乃至聲聞、辟支佛，亦復如是。非但地獄，罪報一等。」摩耶夫人重白菩薩：「且願聞於閻浮罪報，所感惡趣。」地藏答言：「聖母！唯願聽受，我粗說之。」佛母白言：「願聖者說。」

佛陀到忉利天宮是為母說法，摩耶夫人雖然身為佛陀的母親，卻也非常恭敬地合掌請教地藏菩薩，希望得知閻浮眾生造作惡業所得的果報。摩耶夫人只詢問閻浮眾生個別的業報，但是地藏菩薩卻回答了十方世界情況，說明共同的業報。乍看似乎是答非所問，其實是為免大眾誤以為只有閻浮提有地獄，而他方世界無地獄，希望提醒除了別業，仍有共業因緣，所以做了詳述。比方說，西方極樂世界是有佛法的世界，那裡沒有地獄、女人。也有無佛法的世界，自然就沒有聲聞、辟支佛。大乘佛法的世界，則有菩薩、聲聞和辟支佛。由此可知，不同世界還是有地獄與無地獄的差別。

然而，佛母摩耶夫人表示雖然不同世界的眾生業報千差萬別，但是她只想了解自己所在的娑婆世界，眾生造罪後將招感哪些惡報。於是，地藏菩薩便為她說明大概的情況。佛母對地藏菩薩說：「願聖者略為說之。」

爾時，地藏菩薩白聖母言：「南閻浮提罪報，名號如是：若有眾生，不孝父母，或至殺害，當墮無間地獄，千萬億劫，求出無期。

地藏菩薩說明南閻浮提的罪報，也就是我們娑婆世界眾生所造的罪業就像下面這些情況。比如不孝順父母，甚至殺害父母。大家是否曾看過殺父、弒母的社會新聞報導？悖倫的新聞實在令人心生恐怖，這種親子緣都是過去生結下重大惡緣所致。我們雖然不可能舉刀向父母，卻可能會口出刀劍，說話傷透父母心。像是父母擔心子女遇人不淑，規勸結婚要三思，結果愈勸你不要嫁，你卻偏偏非嫁不可。當然，男婚女嫁都是自己的事，可是說話不該忤逆父母，應當好好溝通。

我最初讀到這段經文時嚇了一跳，沒想到不孝父母如此罪重。回想我們小時候和父母說話，往往都非常任性，口不擇言，「只要我喜歡，有什麼不可以」。對此，我們應當要起慚愧心，不孝順父母已是重罪，更不用說是殺害，當墮無間地獄，千萬億劫，求出無期。無間地獄不是你想逃脫就能逃脫的，業報沒有受盡，一定是離開不了。然而，如果我們的阿賴耶識裡有佛法、佛號的種子，只要種子能夠成熟，地藏菩薩就有辦法救拔我們，唯有這條路能夠讓人早點出離無間地獄。因此，現在必須儲存善種子，不要等到求助無門時，才發現自己一無所有，那就糟了。如果沒有預先儲備資糧，卻想要獲得果報，這是不可能的事，種如是種子就得如是果報，這是必然的。

地藏菩薩不會說，你一定要念地藏菩薩的名號才能得救，並沒有這樣的分別心。只要我們心中有佛菩薩的名號，就有善種子，便能與地藏菩薩的願力相應，這就是因緣法。因緣法無法單獨存在，不是地藏菩薩計較你有沒有修他的法門或念他的名號，而是因緣法需要雙方互相相應，這便是所謂的「佛度有緣人」，所結的緣要是善緣，才有機會得度。地藏菩薩的願力無邊，但是我們如果連一點佛菩薩的善種子都沒有，就無法相應。

「千萬億劫，求出無期」，表示你不用跟閻羅王拜託求出地獄，這是不可能的事。除非因緣業力已經了結，或者心中早就有佛菩薩的種子，透過地藏菩薩的救助，才有出離的機會，不然在地獄的業報是以「劫」為單位來計算的，實在是太長、太久了。所以說，不孝父母，甚至殺害，罪報是這麼嚴重。

> 若有眾生，出佛身血，毀謗三寶，不敬尊經，亦當墮於無間地獄，千萬億劫，求出無期。

「出佛身血」是指對佛不恭敬，甚至想要傷害佛的生命。「毀謗三寶」是指毀壞三寶的法身慧命，佛的法身慧命就在三寶當中，對經典沒有敬仰心，甚至故意毀壞，都是墮無間地獄的業報，同樣是千萬億劫，求出無期。

若有眾生，侵損常住，玷污僧尼，或伽藍內，恣行淫欲，或殺或害，如是等輩，當墮無間地獄，千萬億劫，求出無期。

常住是指寺院，為供養佛、法、僧三寶所在之地。佛教常提醒人「愛護常住物，如護眼中珠」。有的人不愛護常住物，認為寺院反正不是自己家的，可以隨意毀壞。例如，在寺院使用水電，要懂得節約愛惜，切莫認為不是自己付費就可以浪費，其實這也是侵損常住。伽藍即是寺院，因為伽藍是清淨的，在伽藍內不能恣行淫欲或侮辱僧尼，更不能殺害僧尼，如果犯下如此惡行，將墮入無間地獄，千萬億劫，求出無期。

若有眾生，偽作沙門，心非沙門，破用常住，欺誑白衣，違背戒律，種種造惡，如是等輩，當墮無間地獄，千萬億劫，求出無期。

有的眾生現出家身，但是心沒有出家，仍有非常世俗的心。如果心裡想要求名、求利，就不是出家的心，稱為「心非沙門」，是「破用常住」。出家人的食、衣、住、行，都用十方信施護持的寺院資源供給。如果身心行為裡外不一，就沒有使用十方物的福報因緣，因為這些都是十方共同成就的供養，如果浪費資源，這個業報也是很重的，因為不是自己賺來的，是來自十方護持。以居士來講，在家享用勞力賺得的成果，影響力比較不大，浪費損福是損自己的福。出家眾住在僧團，接受信施供養而活，身心要如一，否則就等於「破用常住」，甚至是「欺誑白衣」。「白衣」就是居士，出家眾不能欺騙居士，也不能違背戒律，一旦違背戒律就是種罪惡，同樣會墮入無間地獄，千萬億劫，求出無期。

若有眾生，偷竊常住財物穀米、飲食衣服，乃至一物不與取者，當墮無間地獄，千萬億劫，求出無期。」

「不與取」就是偷竊，在道場中，只要一件東西「不與」，我們就不取，「與」了才可以取。比方說，寺院的供果太多，假如法師吃不完，請你帶水果回家幫忙吃，已經給你的東西就可以拿取。已經「與」了就可以「取」，「不與」就應該「不取」。

地藏白言：「聖母！若有眾生，作如是罪，當墮五無間地獄，求暫停苦，一念不得。」摩耶夫人重白地藏菩薩言：「云何名為無間地獄？」地藏白言：「聖母！諸有地獄，在大鐵圍山之內。其大地獄，有一十八所。次有五百，名號各別。次有千百，名字亦別。無間獄者，其獄城，周匝八萬餘里，其城純鐵，高一萬里，城上火聚，少有空缺。其獄城中，諸獄相連，名號各別。

地藏菩薩總結這些罪狀，告訴摩耶夫人，如果有人犯下這些罪業，將墮入五無間地獄受苦，苦到連想暫停刑罰，稍微休息一下都不行。時間的「無間」是無間地獄的特色之一，刑罰是無時無刻地連續下去，所以無法求得休息。

摩耶夫人請教地藏菩薩，名為無間地獄的原因。地藏菩薩因此述說無間地獄的情形：「所有的地獄都在大鐵圍山內，大的地獄有十八所，次一等的有五百所，都有它的名號，再更次一等比較小一點的，多達千百處，也是各有不同的名號。」無間地獄本身就像一個大圍牆，把所有的地獄囚犯包圍起來，它的範圍非常廣大。大到什麼程度呢？周圍有八萬餘里，整個城市是用純鐵鑄造的，高達一萬里，真的是插翅難飛，讓你跑不出去，只能被圍在裡面，因為是用鐵城來包圍，所以稱為「鐵圍山」。八萬餘里的周緣，一萬里高的高度，鐵城上都是一把一把的火，密密麻麻地圍起來，連一點縫隙都沒有。這些地獄都相連在一起，並有不同的名號，其實地獄名號即是刑罰的方式。

獨有一獄，名曰無間。其獄周匝萬八千里，獄牆高一千里，悉是鐵圍，上火徹下，下火徹上，鐵蛇鐵狗，吐火馳逐，獄牆之上，東西而走。獄中有床，遍滿萬里。一人受罪，自見其身，遍臥滿床。千萬人受罪，亦各自見，身滿床上。眾業所感，獲報如是。

在大鐵圍山中，只有一個無間地獄。周匝是圍繞一周，圍繞無間地獄一周是一萬八千里，牆的高度是一千里，這裡是所有地獄刑具懲罰最嚴厲處，受刑最為痛苦。無間地獄不但全都是鐵鑄的，而且不只是圍牆上著火，從圍牆下就開始有火。「上火徹下，下火徹上」，不但上面、下面都是火，連整片牆壁也都是熊熊燃燒的火焰，甚至在海邊看到的惡獸也全是鐵身，那些蛇、狗都是鐵蛇、鐵狗，看起來非常恐怖。我們平常看到小蛇，就嚇個半死，更何況是鐵蛇呢！這些鐵蛇、鐵狗還會噴火，在城上東奔西跑，到處跑來跑去，讓你根本無從逃走。

無間地獄中有床，而且是超級巨大的床，遍滿萬里，充滿城內。在無間地獄受罪時，會驚訝於自己的身體變得非常巨大，即使多達千萬人去那裡也是一樣，因為身體是可以互相重疊的。

我們的生活再怎麼富裕，也只能睡六尺長的床而已。曾有個國王心想：「我既然是個國王，就應該睡最大的床，六尺大的床實在太小了。」於是他命人特製了一張巨無霸的床，心滿意足地躺在大床上，問一旁的臣子說：「我這樣子看起來是不是比較莊嚴？」大臣雖然在心裡偷笑：「國王睡在床上好像一隻蟲喔！」但是沒有人敢和國王說實話，只能奉承地說：「真的好莊嚴！」床的比例不對，人反而只剩下一點點，其實是沒有意義的。

又諸罪人，備受眾苦。千百夜叉，及以惡鬼，口牙如劍，眼如電光，手復銅爪，拖拽罪人。復有夜叉，執大鐵戟，中罪人身，或中口鼻，或中腹背，拋空翻接，或置床上。復有鐵鷹，啗罪人目。復有鐵蛇，絞罪人頸。百肢節內，悉下長釘，拔舌耕犁，抽腸剉斬，烊銅灌口，熱鐵纏身。

如果來到無間地獄，會看到各種備受辛苦的懲罰，其中一種是被夜叉、惡鬼虐待，我們平時看到野獸的爪子，心裡就感到害怕了，更何況是銅爪！銅爪是為了拖行罪人，拖到讓你全身是血，身首分離。不但如此，還有夜叉手拿著大鐵戟來拔你、射你、刺你，不只刺你身上，還刺入口、鼻，刺肚子與背。夜叉不只刺你，還會像耍玩具一樣把你拋空翻接，或是把你狠狠地摔在床上。

除了夜叉、惡鬼，還有鐵鷹會來吃你的眼睛，或是有鐵蛇來絞你的脖子，身體四肢的所有關節都被釘入長釘，並且把你的舌頭拔出來，好像耕田犁地一樣去犁你的舌頭，甚至把你的腸子抽出來，灌入滾燙的銅鐵，用燒紅的熱鐵纏裹你的身體。這樣的地獄畫面，是不是也很像料理動物的動作？我們宰殺家禽也是這樣，要把內臟拉出來清洗，抽腸剉斬實在很恐怖，萬萬做不得。

因此，最好養成素食的飲食習慣，不要殺生，不然我們就好像是閻羅王在刑囚這些罪人一樣，我們種下了這個惡因，將來就是換成我們被拋接、挑來挑去，被用鋒利如劍的牙齒割來割去，實在可怕到不敢想像。佛教徒並不是非素食不可，如果素食的因緣未到，奉勸各位至少食用「三淨肉」，三種清淨肉就是：眼不見殺、耳不聞殺、不為己所殺。千萬不能為了自己的口腹之欲，就當場宰殺動物，這樣你等於直接和所殺的眾生結惡緣，因為牠在痛苦中會起瞋恨心。殘忍殺生的心，會傷害到我們的慈悲心，我們看到牠被殺得血流如注，卻不為所動，只想要吃下腹中，會養成了狠毒的心。

慈悲是大乘佛法的種子，心不慈悲，便不可能行菩薩道，最多只能是聲聞而已。但是要成就聲聞也不簡單，因為我們跟別人結很多惡緣的時候，要了脫生死也不容易，怨親債主會找我們算帳。因此，我們不但要與人結好緣，也要跟動物結好緣。雖然人類殺害家禽畜牲不犯法，沒有人把我們抓去監牢裡關，但其實已和眾生結了很多惡緣。海產店的料理都強調新鮮生猛，當我們手指往魚缸一指，就好像閻羅王一般，一指定生死。因為馬上就要上桌，魚蝦便立刻為你而死，雖然你看不到牠鮮血淋漓的樣子，但實際上是直接和牠結惡緣，所以不要食用現殺海鮮。我們現在種這個因，以後得這個果，這是非常可能的，熱鍋烹調時的拋空翻接，我們或許會感到好玩，但如果換成是自己被這樣料理，一定痛苦不堪。

萬死千生，業感如是。動經億劫，求出無期。此界壞時，寄生他界。他界次壞，轉寄他方。他方壞時，展轉相寄。此界成後，還復而來。無間罪報，其事如是。

「萬死千生」，是指地獄的生死是不斷不斷地發生，我們這一世為人，只有一次生死，但是地獄則是隨時隨地不停地忽生忽死，如此重複千萬遍在飽受死亡的業報。讓你不停地復活又馬上死亡，這是業感的問題。地獄動不動就是經過千億劫這麼久的時間，所以求出無期。由於時間漫長，當用刑用到連你所在的世界都毀壞了，你的生命卻還在，這表示你的地獄業報還在。如果這個世界毀壞了，就會把你寄生到其他世界，當其他世界也毀壞了，則又轉寄別處。反正就是寄來寄去，「展轉相寄」，等待這個世界又建立起來時，又被轉回來了，所以無間罪報的情形，便是如此。

又五事業感，故稱無間。何等為五？一者，日夜受罪，以至劫數，無時間絕，故稱無間。二者，一人亦滿，多人亦滿，故稱無間。三者，罪器叉棒，鷹蛇狼犬，碓磨鋸鑿，剉斫鑊湯，鐵網鐵繩，鐵驢鐵馬，生革絡首，熱鐵澆身，飢吞鐵丸，渴飲鐵汁。從年竟劫，數那由他，苦楚相連，更無間斷，故稱無間。四者，不問男子女人，羌胡夷狄，老幼貴賤，或龍或神，或天或鬼，罪行業感，悉同受之，故稱無間。五者，若墮此獄，從初入時，至百千劫，一日一夜，萬死萬生。求一念間，暫住不得。除非業盡，方得受生。以此連綿，故稱無間。」

五無間地獄，是因為有五種事業感的業力感召，所以稱為無間。有哪五種呢？

第一種是「時無間」，日夜受報，也就是分分秒秒一直得不到休息，日夜都在遭受罪苦，在時間上毫無間斷，所以得名無間。

第二種是「形無間」，不論是一個人或很多人躺著，身體都是躺滿整個地獄，充滿於空間都是一樣的，所以得名無間。

第三種是「苦無間」，刑具種類非常多，包括：刺人的叉、打人的棍棒、吃眼睛的老鷹、咬人的蛇、追人的狼犬、碓磨磨人、鑿子鑿人、鐵剉剉骨、斧頭砍骨、油鍋炸人、湯鍋煮人、鐵網烙身、鐵繩綑身、騎熱鐵驢、騎熱鐵馬、綁住頭活剝人皮、熱的鐵汁澆身、飢吞鐵丸、渴飲鐵汁。這些非人的極刑，不是把人拿來剉，就是拿來磨，甚至拿來煮，將人折磨到不成人形。「從年竟劫」從一年到劫那麼長的時間，「數那由他」是無量無數。由於這些苦報相連不斷，沒有停止的一刻，所以得名無間。

第四種是「果無間」，不管男子、女人，不管種族是羌胡夷狄，不管身分是老幼貴賤或是龍、是神、是天、是鬼，無論是誰，只要罪行合乎無間地獄，受到罪業的招感，都一樣要來接受這種苦楚，沒有選擇餘地，就直接下墮無間地獄，所以得名無間。

第五種是「命無間」，如果墜入地獄當中，從一開始進入到百千劫數，期間日夜不得休息，時時刻刻都是不斷死、不斷生，想求一念間暫時休息也不可能，除非業報受盡，才有投生的機會，由於生死如此連綿不絕，所以得名無間。

地藏菩薩白聖母言：「無間地獄，粗說如是。若廣說地獄罪器等名，及諸苦事，一劫之中，求說不盡。」

地藏菩薩告訴摩耶夫人，無間地獄粗略來說，就是這種情形。如果要詳細來說，關於地獄刑罰的器具和名稱，還有種種苦楚的事，一整劫也說不完，是無法說盡的。

摩耶夫人聞已，愁憂合掌，頂禮而退。

摩耶夫人聽後非常憂愁，憐憫地獄眾生的痛苦，憂慮他們的苦難何時得以結束，而面露愁色，合掌頂禮告退。不只佛母摩耶夫人對地獄眾生心生不忍，我們也會同情他們的苦楚可憐。想要不墮地獄，必須不造惡業，多造善業，只要善的業力因緣多過於惡的業力因緣，自然不會感得地獄惡報。事實上，即使透過願力想去地獄也非常不容易，除非我們學地藏菩薩發起救拔地獄眾生的大願，並且像他一樣神通廣大。

〈第四品〉

閻浮眾生業感品

第四品〈閻浮眾生業感品〉的內容，是談墮入地獄的眾生，他們都是地藏菩薩所要救脫的對象。名為〈閻浮眾生業感品〉，是指我們這裡的閻浮提眾生，造業以後所得的業報感應。閻浮即是閻浮提，又稱南贍部洲，也就是我們所在的娑婆世界。業感是由造作善惡業力招感而來的果報，種善因就結善果，種惡因就結惡果。

爾時，地藏菩薩摩訶薩白佛言：「世尊！我承佛如來威神力故，遍百千萬億世界，分是身形，救拔一切業報眾生。若非如來大慈力故，即不能作如是變化。我今又蒙佛付囑，至阿逸多成佛以來，六道眾生，遣令度脫。唯然，世尊，願不有慮。」

地藏菩薩告訴佛陀：「我是承佛如來威神力的緣故，而可以周遍百千萬億的世界，分身變化為任何生命型態，來救拔一切業報眾生，如果不是如來大慈悲力的關係，其實也沒辦法這樣變化。我現在又接受佛的付囑，一直到彌勒菩薩成佛之前的這段時間，我會盡力幫助六道眾生度脫悲苦，請佛不要為此感到憂慮。」

阿逸多即是彌勒菩薩，地藏菩薩非常感恩佛陀的教化，所以發願在彌勒菩薩成佛前，會一直承擔教化六道眾生的重責。

爾時，佛告地藏菩薩：「一切眾生，未解脫者，性識無定。惡習結業，善習結果，為善為惡，逐境而生。輪轉五道，暫無休息，動經塵劫，迷惑障難。如魚游網，將是長流，脫入暫出，又復遭網。以是等輩，吾當憂念。汝既畢是往願，累劫重誓，廣度罪輩，吾復何慮？」

眾生還不得解脫的原因，主要是因為「性識無定」的關係。因為人的心念處於不斷變化中，但是「惡習結業，善習結果」，惡的習性會造罪業，善的習性會結善果，也就是人的習性有善有惡。這時還沒解脫，是因為惡業比較嚴重，善業還未成熟。

「為善為惡，逐境而生」，我們之所以會生善生惡，往往都是被外境所染的關係。輪轉五道，無法休息，動不動就經歷塵劫，迷惑與業障的種種困難，讓我們如同魚在網中游來游去。在輪迴的時間長流裡，有時候暫時游出來，卻又被魚網網住。因此，佛陀對於這一類明明有善業能解脫卻被惡習綁住的眾生，最為掛心。但是既然地藏菩薩過去已發下大願，累劫以來有這樣的重弘誓願，要廣度所有的罪輩，佛陀對於尚未解脫的眾生，便無須憂慮和煩惱。

說是語時，會中有一菩薩摩訶薩，名定自在王，白佛言：「世尊！地藏菩薩累劫以來，各發何願？今蒙世尊，殷勤讚歎。唯願世尊，略而說之。」

說完這些話的時候，法會當中有一位大菩薩，名號定自在王菩薩，請佛陀介紹地藏菩薩累劫以來，到底是發什麼願，才能得到佛陀的殷勤讚歎，希望佛陀能粗略地說明。

爾時，世尊告定自在王菩薩：「諦聽！諦聽！善思念之，吾當為汝，分別解說。乃往過去，無量阿僧祇那由他不可說劫，爾時有佛，號一切智成就如來——應供、正遍知、明行足、善逝、世間解、無上士、調御丈夫、天人師、佛、世尊，其佛壽命六萬劫。未出家時，為小國王，與一鄰國王為友，同行十善，饒益眾生。其鄰國內，所有人民，多造眾惡。二王議計，廣設方便。一王發願，早成佛道，當度是輩，令使無餘。一王發願，若不先度罪苦，令是安樂，得至菩提，我終未願成佛。」

佛告定自在王菩薩：「一王發願早成佛者，即一切智成就如來是。一王發願永度罪苦眾生，未願成佛者，即地藏菩薩是。」

佛陀告訴定自在王菩薩：「請你好好聽、好好聽，還要好好思惟。」於是，佛陀便解說許多地藏菩薩過去生發願的故事。

「無量阿僧祇那由他不可說劫」，意指多到無法算清楚多久劫以前，有一位佛陀，名號為一切智成就如來。如來有十個名號：應供、正遍知、明行足、善逝、世間解、無上士、調御丈夫、天人師、佛、世尊。這尊佛的生命是六萬劫，非常長久。

如來是成佛者，契合真如而來，既是如來，就有福報因緣來「應供」，應大眾的供養；而且是「正遍知」，正確地遍知一切；從發菩提心到三菩提、三藐三菩提、阿耨多羅三藐三菩提，是福慧修行圓滿兩具足的「明行足」；生死對佛來說是平等的事，如來如去皆自在，是「善逝」；對世間無所不了解，是「世間解」；佛陀是無上正等正覺的大士，天上人間無有超越其者，是「無上士」；不但是大丈夫，且能善巧調御眾生剛強的心，是「調御丈夫」；屬於天道、人道的導師，是「天人師」；「佛」是自覺、覺他至覺行圓滿的覺悟者；佛是世間最尊貴者，所以被尊稱「世尊」。

地藏菩薩在尚未出家以前，曾是一位小國的國王，並和鄰國的國王是好朋友，他們同時在行十善，希望造福眾生。然而，雖然兩位國王交好，百姓卻常常造惡業，所以這兩位國王便商量，如何廣泛設立種種的方便法門，以度化這些眾生。其中一位國王發願要趕快成佛，這樣才有能力度化百姓，讓他們能夠入無餘涅槃。無餘涅槃即是解脫生死，終止輪迴；另一位國王則發願，如果不先度化這些罪苦的眾生，讓他們很快離苦得樂，抵達菩提彼岸，我終不成佛。換句話說，如果眾生未得到安樂，自己絕對不成佛，必行菩薩道來度脫眾生。

佛陀就告訴定自在王菩薩，發願早成佛的國王是一切智成就如來；發願永度罪苦眾生，不願提早成佛的國王則是地藏菩薩。由此可知，不同的願，所成就的功德也不一樣。

復於過去，無量阿僧祇劫，有佛出世，名清淨蓮華目如來，其佛壽命四十劫。像法之中，有一羅漢，福度眾生。因次教化，遇一女人，字曰光目，設食供養。羅漢問之：『欲願何等？』光目答言：『我以母亡之日，資福救拔，未知我母生處何趣？』羅漢愍之，為入定觀，見光目女母墮在惡趣，受極大苦。羅漢問光目言：『汝母在生，作何行業？今在惡趣，受極大苦。』光目答言：『我母所習，唯好食噉魚鱉之屬。所食魚鱉多食其子，或炒或煮，恣情食噉。計其命數，千萬復倍。尊者慈愍，如何哀救？』羅漢愍之，為作方便，勸光目言：『汝可志誠念清淨蓮華目如來，兼塑畫形像，存亡獲報。』

在過去無量劫以前，另有一位佛，名號為清淨蓮華目如來，這位佛的壽命是四十劫。名號與佛的德行有關，所以清淨蓮華目如來的眼睛似清淨的蓮花，德行圓滿。

佛法可分為三個時期：正法時期、像法時期、末法時期，關於這三期的時間長短，歷來有多種不同的說法。只要有佛陀出世的時期，都是正法的時代，而佛出世都是用應化身來度化眾生，所以壽命有限，即使色身的生命有限，法身仍能長久留存。像法是指與正法相似的佛法，然非正法，此時證果的修行者較少。

在像法時期，有一位羅漢以福德廣度眾生。這位羅漢既然願意教化眾生種福田，具有菩薩的心胸，可見得不完全是不了漢，只是自我了脫的成分較高。托缽也是一種度化眾生的方式，由此將佛法弘傳出去。這位羅漢在托缽時，遇到一位名為光目的女子，她也準備食物來供養羅漢。羅漢問她：「你有什麼心願呀？」光目女回答說：「因為我的母親剛死不久，所以想以設齋的方式來為她修福，得到救拔，但不知她究竟生在何處。」

羅漢非常憐憫光目女，便入定來幫她找找看她的母親在哪裡。由羅漢能入定觀察，可知他是有工夫的修行者。他看到光目女的母親墮落惡趣，遭受非常大的苦難便問光目女：「你的母親生前做什麼行業？她正在惡道受極大的痛苦。」此處的「行業」非指一般的事業，不是問工作從事哪一行，而是指行為業力。我們說在行中才有造業，大乘佛法認為雖然有所行為才造作業力，但是我們在行為之前，應該先思考自己的起心動念是善是惡，思考就是在醞釀善惡種子，而在行動的時候，種子會透過阿賴耶識記錄起來，所以稱為行業。因此，我們平常生活的行為，要持守戒律，不管做什麼事都要持善業，否則墮入惡道的機會就很大。

光目女表示，她母親生前的習慣，就是非常愛吃魚、鱉（鼈）一類的海產，而且非常愛吃魚蛋與鱉蛋，或用炒的、煮的，都吃得非常高興。由她親手殺死的生命，多到難以計數，不知道是幾千、幾萬條生命。光目女知道這樣的罪過深重，希望羅漢能慈悲她，告知解救母親的方法。於此勸請大眾，如果無法素食的話，盡量不要吃魚卵，因為每一口魚卵裡不知道有多少條生命，每一顆卵都是一個生命。光目女的母親「多食其子」，這樣一口不知道吃下上百個，甚至上千個生命。

尊者非常同情光目女，就設方便法門勸光目女：「你可以至誠心來持誦清淨蓮華目如來的佛號，並且塑造佛像或畫佛像，如此就能冥陽兩利，不只你母親死後能得到福報，自己本身也一樣能得到福報。」

光目聞已，即捨所愛，尋畫佛像，而供養之。復恭敬心，悲泣瞻禮。忽於夜後，夢見佛身，金色晃耀，如須彌山，放大光明，而告光目：『汝母不久，當生汝家，纔覺飢寒，即當言說。』

光目女聽後，就趕緊捨棄、變賣她喜愛的東西，以找人畫佛像來供養，並用最恭敬的心痛哭流涕禮佛。忽然在深夜中，她夢見佛陀的身體發出耀眼的金色光芒，如同須彌山一樣高大，光明四射，告訴光目女說：「你的母親不久後，就會投生到你家。她所投生的嬰兒剛知道飢餓和寒冷，就會說話了。」

其後家內，婢生一子，未滿三日，而乃言說，稽首悲泣，告於光目：『生死業緣，果報自受。吾是汝母，久處暗冥，自別汝來，累墮大地獄。蒙汝福力，方得受生。為下賤人，又復短命，壽年十三，更落惡道。汝有何計，令吾脫免？』

不久後，光目女家中的婢女，果然生下一個孩子，出生未滿三天，竟然就會說話，這是承佛陀的威神力關係。孩子叩頭頂禮後，對著光目女哭泣說：「造作業力因緣，承受果報的生死輪迴，都是自作自受。我就是你的母親，一直都生活在黑暗之中，自從與你死別之後，便墮入大地獄。因為你修福報的關係，我才能夠受生為人，可是不但身分卑賤，壽命又很短暫，只能活到十三歲，便將再墮惡道。你有沒有什麼辦法，能夠讓我脫離惡道？」

我們說人生如戲，一般人只知今生的關係，卻無法得知後世的關係，光目女如何想得到自己的母親會變成家中婢女的小孩？光目女的母親因為殺生太多墮入大地獄，所以說千萬不能殺生，殺生所結的惡因緣非常深，點點滴滴的種子，全都記錄在阿賴耶識中。光目女的母親能夠受生為人，其實就是受女兒的福蔭，解脫地獄之苦。如果能從地獄道、畜生道或餓鬼道重回人道，都會從下賤人做起，因為福報不足，所以身分卑下。我們今生生而為人，福報還算不小，又能有智慧聽聞佛法，表示我們不是剛從畜生道、餓鬼道、地獄道回到人道，其實已經於人道久修才可能的，真的要好好珍惜。

光目女的母親雖然重回人道，但只能活十三年，十三歲還是個小孩，造善業的因緣還不夠，沒有修福報的機會，而且因為過去世造很多殺生惡業，所以會重墮惡道。有句話說：「棺材是裝死人，不是裝老人。」如果我們的殺業非常重，會有兩種果報，一是多病，二是短命。這一世如果常常生病要開刀，有可能是因為過去生常動刀宰殺畜牲，而得此報應，甚至是多病短命。我們如果想要長壽，就要常護生、放生，但是放生要留意生態問題，不能將鹹水魚放到淡水去，淡水魚放到海水去，這樣放生會變成殺生。殺生讓眾生短命，自己的果報就是短命，護生則可延長生命，得到長壽的果報。

光目聞說，知母無疑，哽咽悲啼，而白婢子：『既是我母，合知本罪，作何行業，墮於惡道？』

光目女聽後，確信這個孩子是她的母親所來投生，所以紅著眼眶哭說：「既然你是我母親，可知道你的本罪是做什麼行業墮入惡道？」

婢子答言：『以殺害毀罵二業受報。若非蒙福，救拔吾難，以是業故，未合解脫。』

婢女的孩子回答說：「因殺生和毀謗兩種罪業而受報，如果不是承蒙你的修福救度，這樣的重業是不得解脫的。」殺生和毀謗都是造重惡業，光目女的母親喜歡吃魚、鱉的卵或魚苗，或煮或炒，並毀謗三寶。光目女母親若不是承蒙孝順的女兒，修種種福報來救拔她，以所造的罪業來看，無法這麼快解脫。

光目問言：『地獄罪報，其事云何？』婢子答言：『罪苦之事，不忍稱說，百千歲中，卒白難竟。』

光目女問：「造罪在地獄受果報的情況如何？可以告訴我嗎？」婢女的孩子回答說：「罪苦的事實在不忍心說，一想到就痛苦，我想即使用幾百年的時間來說，也是無法說清楚。」

光目聞已，啼淚號泣，而白空界：『願我之母，永脫地獄。畢十三歲，更無重罪，及歷惡道。十方諸佛，慈哀愍我，聽我為母所發廣大誓願：若得我母永離三塗，及斯下賤，乃至女人之身，永劫不受者，願我自今日後，對清淨蓮華目如來像前，卻後百千萬億劫中，應有世界，所有地獄，及三惡道，諸罪苦眾生，誓願救拔，令離地獄惡趣、畜生、餓鬼等。如是罪報等人，盡成佛竟，我然後方成正覺。』

光目女聽到後，不禁掉下眼淚，因為現在的她實在無能為力解救母親，所以只能對著空中發大願說：「希望我的母親可以永遠脫離地獄的痛苦，在結束十三歲的生命後，不再有重罪，也不再經歷惡道。祈請十方諸佛，能夠慈悲憐憫，聽我為母親所發下的廣大誓願。」光目女發大願說：「如果能讓我母親永遠脫離三惡道，不再處於下賤，甚至是世世都以男子身受報，永遠不受女人身，願我從今日面對著清淨蓮華目如來像前開始，直至百千萬億劫中，盡未來世，世界所有一切地獄，以及三惡道全部的罪苦眾生，我都誓願救拔，讓所有受苦眾生都能夠脫離地獄道、畜生道、餓鬼道等三惡道。等到三惡道的這些罪報眾生，都透過修行成佛之後，我才成佛。」這一大誓願，其實就是「地獄不空，誓不成佛」。

發誓願已，具聞清淨蓮華目如來而告之曰：『光目！汝大慈愍，善能為母發如是大願。吾觀汝母，十三歲畢，捨此報已，生為梵志，壽年百歲。過是報後，當生無憂國土，壽命不可計劫。後成佛果，廣度人天，數如恆河沙。』」

當光目女發下誓願後，聽到清淨蓮華目如來告訴她，因為她的大慈悲憐憫心，能為母親發下如此的大願，所以她的母親在十三歲死亡以後，捨下此生為人的十三年業報，來世將可生為修梵行的出家人，壽命長達百歲，可以有很長的時間好好修持。經過沙門出家的這一世後，還可以投生在無憂國土，壽命長到難以計算，因為無憂國土的眾生壽命是無量劫，然後成就佛果來廣度世間和天上的眾生，因而得度者多如恆河沙。

清淨蓮華目如來已將光目女母親的未來，說明得非常清楚。當然，佛陀並不能直接賜予她修行成就，而是要她母親本身肯修行，靠她自己發起善念來如實修行，方能成就成佛的道業。

佛告定自在王：「爾時羅漢福度光目者，即無盡意菩薩是。光目母者，即解脫菩薩是。光目女者，即地藏菩薩是。過去久遠劫中，如是慈愍發恆河沙願，廣度眾生。

此處又回到佛陀，也就是由釋迦牟尼佛向定自在王菩薩說明，當時的那位福度羅漢，就是無盡意菩薩。無盡意菩薩曾在〈普門品〉中出現過，所以我們會感到很熟悉。光目女的母親是解脫菩薩，而光目女即是地藏菩薩。地藏菩薩在過去的久遠劫裡，都是如此慈悲地發下多如恆河沙不可計數的大願，廣度一切眾生。

《地藏經》提及地藏菩薩的四個過去世，最早便是從光目女開始介紹起，她原本只是位平凡的小女子光目女而已，經過宿世以後成為婆羅門女，再經過無數世、無數劫以後成為長者子，最後則是小國王。在這些修持的過程中，她的福報愈來愈大，因為她所發的願那麼大，不只福報大，智慧也高。由此可知，我們累世以來的修行資糧，能夠不斷地在阿賴耶識累積起來。阿賴耶識是一個非常堅固的倉庫，專門收集我們的善根福報因緣。但是如果我們起惡念的因緣，也一樣會被記錄起來，我們每一個起心動念都會自動地被記錄，所以要好好檢視自己。當有能力助人的時候，要多多利益眾生，這是在修我們的善因緣，當果報成熟後，福報自然現前，而聽經聞法則是在修我們的智慧。

未來世中，若有男子女人，不行善者，行惡者，乃至不信因果者，邪淫妄語者，兩舌惡口者，毀謗大乘者，如是諸業眾生，必墮惡趣。若遇善知識，勸令一彈指間皈依地藏菩薩，是諸眾生，即得解脫三惡道報。

但是如果有人在未來世當中不做善事，盡做惡事，不信因果報應，或犯邪淫、妄語、兩舌、惡口、綺語的人，甚至於毀謗大乘佛法，做出惡劣行為的人，必然會墮落三惡道。但是如有機會遇到善知識來提醒，因而修正行為，就能在一彈指這樣短暫的時間裡，一念間的轉變讓他皈依地藏菩薩，這樣的人就可能立即脫離三惡道的苦報。

由此可知，我們雖然難免會做錯事，如果善根福德的因緣足夠，阿賴耶識儲存善的因緣，將有機會得遇善知識。但前提必須是早已有善根種子，所以我們只要能夠多種下善根因緣的種子，就一定要努力播種，常言「晴天要積下雨糧」，趁著現在身體能自主、頭腦又清醒的時候，要趕快儲存善的因緣種子，將來才能得福報因緣。

若能志心皈敬，及瞻禮讚歎，香花衣服，種種珍寶，或復飲食，如是奉事者，未來百千萬億劫中，常在諸天受勝妙樂。若天福盡，下生人間，猶百千劫，常為帝王，能憶宿命因果本末。

如果能至誠皈依、禮敬、瞻禮、讚歎地藏菩薩，或用香花、美服，以及種種珍寶，或用飲食，以此來供養地藏菩薩，這樣將能在未來百千萬億如此長遠的劫裡，經常在天上享用極為美妙的快樂。假如天福享盡了，從天上回到人間，仍然是富貴者、帝王身，能在百千萬劫中常當帝王，並憶想起宿世因緣的來龍去脈。

定自在王，如是地藏菩薩，有如此不可思議大威神力，廣利眾生，汝等諸菩薩，當記是經，廣宣流布。」

佛陀告訴定自在王菩薩，為什麼能有如此大的福報呢？這都是因為地藏菩薩有如此不可思議大威神力的關係，累劫宿世廣為造福眾生。因此，佛陀勉勵這些大菩薩們一定要牢記這部《地藏經》，並且廣為宣傳流通地藏法門。

定自在王白佛言：「世尊！願不有慮。我等千萬億菩薩摩訶薩，必能承佛威神，廣演是經於閻浮提，利益眾生。」定自在王菩薩白世尊已，合掌恭敬，作禮而退。

定自在王菩薩請佛陀不必煩惱、擔憂，他們必會在佛陀的威神力下，廣為娑婆世界眾生宣說這部《地藏經》，造福眾生。定自在王菩薩說完話後，便恭敬地合掌頂禮，退至一旁。

爾時，四方天王，俱從座起，合掌恭敬，白佛言：「世尊！地藏菩薩於久遠劫來，發如是大願，云何至今，猶度未絕，更發廣大誓言？唯願世尊，為我等說。」

這時候，四方天王的東方持國天王、南方增長天王、西方廣目天王、北方多聞天王，他們同時從座位上站起，合掌恭敬地對佛陀說：「地藏菩薩從很久遠以前到現在，既然發這麼樣的大願，為什麼一直無法度化完眾生，還要再發下更大的誓願呢？懇請您為我們解惑說明。」

佛告四天王：「善哉！善哉！吾今為汝，及未來現在天人眾等，廣利益故，說地藏菩薩於娑婆世界，閻浮提內，生死道中，慈哀救拔，度脫一切罪苦眾生方便之事。」四天王言：「唯然，世尊！願樂欲聞。」

佛陀讚許四大天王問得好，為了廣大利益未來及現在的天人和世間眾生，他將說明地藏菩薩在娑婆世界的閻浮提內，於生死道途中如何以慈悲哀憐的心救拔度脫一切罪苦眾生的事蹟。四大天王不勝感激地表示，他們都非常歡喜地想要聽聞佛的開示。

佛告四天王：「地藏菩薩久遠劫來，迄至于今，度脫眾生，猶未畢願。慈愍此世罪苦眾生，復觀未來無量劫中，因蔓不斷，以是之故，又發重願。如是菩薩，於娑婆世界，閻浮提中，百千萬億方便，而為教化。

佛陀告訴四大天王，地藏菩薩從很久以來迄今，雖然已經解救了許多眾生，卻無法完成他的誓願，因慈愍這世界罪苦的眾生，他觀察到在未來無量無邊的劫裡，眾生的罪業因緣像蔓草一樣不斷叢生。這是因為眾生造作善惡業力一直糾纏在一起，並非一發善念，惡念就會消失不見，惡念仍然會源源不絕冒出來，但也並非不再起善念，於是又惡又善、又善又惡。因為這個緣故，所以地藏菩薩又重發大願，在南閻浮提中，用百千萬億種的方便，教化眾生。

這品〈閻浮眾生業感品〉總共提及了二十三種造業果報：1.宿殃短命報、2.貧窮苦楚報、3.雀鴿鴛鴦報、4.眷屬鬥諍報、5.無舌瘡口報、6.醜陋癃殘報、7.所求違願報、8.飢渴咽病報、9.驚狂喪命報、10.說天地災殺報、11.說狂迷取死報、12.說返生鞭撻現受報、13.說骨肉分離報、14.說盲聾瘖瘂報、15.說永處惡道報、16.說億劫輪迴地獄報、17.說永在畜生報、18.說輪迴遞償報、19.說禽獸飢餓報、20.說所求闕絕報、21.說卑使下賤報、22.說無舌百舌報、23.說邊地受生報。

四天王！地藏菩薩若遇殺生者，說宿殃短命報。

地藏菩薩如果遇到殺害生命的人，會勸告他們說，你現在殺生，使對方短命，將來會得到生生世世多災殃的短命報應。我們現在種下如是因緣，將來必然結如是果報，這是必然的結果，而非佛菩薩主宰。

這是我們的種子落在第八識中，種下種子不是馬上就能成熟，開花結果，要過一段時間，可能是下一世或下下一世，假如果報沒有表現出來，便無法消失。所以我們說業障現前，要歡喜納受，表示過去惡種子終於成熟了。我們應該歡喜納受，不要心生抗拒，不要鑽牛角尖，或想要逃避，這是逃不了的事。如果我們願意接受，痛苦反而會減輕。一般人往往就是因為不情不願才會痛苦，而且這種痛苦比直接的承受更加辛苦，因為我們會胡思亂想，怨天怨地，口出惡言，如此又會惡性循環。我們要有智慧，不要讓惡緣繼續擴大，對於業障能夠歡喜納受，起善心，也就是心甘情願，用善心將惡緣來善了，才是大智慧者。畢竟一切都是自作自受，不必抱怨別人。

若遇竊盜者，說貧窮苦楚報。

如果遇到以偷竊、強盜維生的人，地藏菩薩會勸說以後將得到貧窮困窘的痛苦報應。這是因為我們偷竊會使得對方貧窮痛苦。

若遇邪淫者，說雀鴿鴛鴦報。

如果遇到發生不正當性行為的侵犯者，地藏菩薩會勸告來生將變成麻雀、鴿子、鴛鴦的果報，也就是投生在畜生道。雀鴿鴛鴦淫業特別重，會一直處在淫業當中。

若遇惡口者，說眷屬鬥諍報。

如果遇到惡言傷人的人，地藏菩薩會勸告將造成親人不斷鬥爭的報應。假如遇到了家眷親人鬥爭，不必抱怨別人，往往是因我們惡口太多，所要承受的結果。但仍要起善念，以念佛來改善業報，不但惡緣可以善了，善緣也更好上加好。

若遇毀謗者，說無舌瘡口報。

如果遇到以誇大不實的話中傷他人的人，地藏菩薩會勸告將得到無舌或舌生瘡的果報，讓人講話不便利。這是因為我們以口毀謗人。

若遇瞋恚者，說醜陋癃殘報。

如果遇到心懷忿恨而發怒的人，地藏菩薩會勸告來生將得到相貌醜陋、身體殘缺的果報。「癃殘」是行動不便、有殘病。醜陋癃殘的人，過去世往往是瞋恚心很重的人。我們看到可憐的人，都會感到非常同情，但是可憐之人必有他過去的可惡之處，如果沒有過去的可惡之處，不會成為可憐之相。

如果我們自己變成可憐的樣子，必然是過去世造了惡業的關係，所以不要嫌自己長得不好看，全都怪罪父母怎麼沒把我們生得漂亮點，其實這是自己所造成的。同父同母的兄弟姊妹，也不會同等美麗或醜陋，生命的延續是從我們第七、八識投胎而來，由此促成我們所成長的果報身，這與我們的宿世有關係，所以不要怪罪父母。

若遇慳吝者，說所求違願報。

如果遇到非常吝嗇小氣的守財奴，地藏菩薩會勸告將來他所要求的願望，將不能實現。這是因為不捨得給人，不捨得利益眾生，別人懇求他布施、分享，他卻因為非常慳貪、不捨，而不肯、不願意利益眾生，所得果報就是經常事與願違，無法隨心所願。

若遇飲食無度者，說飢渴咽病報。

如果遇到飲食不知節制的人，大吃大喝，甚至為了口腹之欲而殺生無數，地藏菩薩便勸告將來所得果報，會常感飢渴難耐，而且咽喉容易生病。

若遇畋獵恣情者，說驚狂喪命報。

「畋獵」即是打獵，如果遇到打獵的人，放縱恣意地射殺動物，地藏菩薩會勸告他未來所得果報，是驚嚇恐懼的喪命報。這是因為打獵會讓動物們驚狂喪命，所以要承受的果報也是如此，可能會受到驚嚇而墮海、車禍或被牛馬踏亡等。動物逃命的過程非常痛苦，我們不要逞一時之快，覺得動物就是應該讓自己來享用，如此，未來的果報將難以承受。

若遇悖逆父母者，說天地災殺報。

如果遇到違背、忤逆父母的人，地藏菩薩會勸告未來所得的果報，將遭天誅地滅、天災人禍。對父母不孝順，又忤逆父母，這是天地所不容的事。

若遇燒山林木者，說狂迷取死報。

如果遇到縱火燒山的人，地藏菩薩會勸告未來所得的果報，將瘋癲發狂而死。因為我們放火燒森林時，會讓很多動物瘋狂奔逃，迷失方向而致死，所以會得此同樣的惡果。

若遇前後父母惡毒者，說返生鞭撻現受報。

「前後父母」即是繼父、繼母，如果遇到狠毒對待非親生孩子的繼父母，地藏菩薩會勸告繼父母未來所得的果報，等到來世，虐待的孩子反過來當其父母，所得的果報是反被鞭子狠狠抽打。親生父母總是比較疼孩子，如果遇到虐待孩子的繼父母，或是孩子忤逆不孝，不必心懷怨恨，這可能也是自己過去生所造成的。

若遇網捕生雛者，說骨肉分離報。

如果遇到用網捕捉幼鳥的人，地藏菩薩會勸告未來所得的果報，將遭遇親生的骨肉生離死別。不論是用魚網撈魚或捕獸網鳥，都會有很多幼小的魚苗、雛鳥，網捕者會讓牠們骨肉分離，所得果報亦復如是。如果今生遇到妻離子散的情況，有可能是過去生用網捕捉幼鳥所得的果報。

若遇毀謗三寶者，說盲聾瘖瘂報。

如果遇到毀謗佛、法、僧三寶的人，地藏菩薩會勸告將得到眼瞎、耳聾、聲音沙啞甚至發不出聲音的果報，因為阻礙眾生聽聞佛法微妙之聲故。由此可反推，如果不斷以聲音來讚歎三寶，比如念佛、梵唄或演唱佛曲，以非常莊嚴的聲音來度化眾生學佛，所得的果報就是聲音非常悅耳動聽。

若遇輕法慢教者，說永處惡道報。

如果遇到輕視佛法和怠慢佛教的人，地藏菩薩會勸告將得到永遠墮三惡道的果報。因為有佛法經典的流布，才有機會使我們脫離三惡道，如果因為毀謗、輕慢，致使佛法不能流傳，阻礙眾生學佛，容易墮入三惡道，自己得到不能出離三惡道的果報。

若遇破用常住者，說億劫輪迴地獄報。

如果遇到惡意破壞或濫用寺院財物的人，會阻礙眾生學佛，無法獲得光明，地藏菩薩會勸告將得到長久億劫中常在地獄受苦的報應。

若遇污梵誣僧者，說永在畜生報。

如果遇到染汙梵行人、誣蔑僧寶的人，地藏菩薩會勸告將得到永遠處在畜牲道的報應。因為所造作的是衣冠禽獸的因緣業力，所以變成畜生也是必然的事。

若遇湯火斬斫傷生者，說輪迴遞償報。

如果遇到用沸湯、火烤、刀斬、斧斫等方法傷殺眾生的人，也就是只因享受三寸舌根之快，殺生無數，地藏菩薩會勸告將得到來生墮畜生道的果報，血債血還宿世命債。看我們今生殺生多少，就要用多少世來回報。本來世間六道眾生平等，就是一命償一命，動物雖然無法對我們表達憤怒與仇恨，但是因緣果報的道理是要互相償還的，所以千萬不要任意殺生。

若遇破戒犯齋者，說禽獸飢餓報。

「齋」是指過午非時食，也就是中午過後不再用餐，這是佛陀所制定的比丘過午不食齋戒。如果破壞所受比丘戒律，因若貪食犯了過午而食，來世會生為禽獸，承受一直處於不斷地飢餓中的果報。

若遇非理毀用者，說所求闕絕報。

「闕絕」是缺少的意思，如果遇到無道理地毀壞用具的人，也就是不知道惜福的人，地藏菩薩會勸告將得到凡有所求都缺少的果報，因為浪費、揮霍，損壞福報，所得果報就是求不得苦，若是沒有福報，怎麼求都求不到。

若遇吾我貢高者，說卑使下賤報。

如果遇到貢高我慢、看不起人的人，地藏菩薩會勸告將得到來生成為卑賤人的果報，任人差遣、驅使。貢高的人非常以自我為中心，造作讓別人感覺自己是卑賤的因緣，所以所得的就是造業者自己成為卑賤者的果報。

若遇兩舌鬥亂者，說無舌百舌報。

「兩舌」是搬弄是非、挑撥離間的意思，如果遇到這種人，爭鬥擾亂團體，令大眾失和，地藏菩薩會勸告將得到來生無舌、短舌或百舌的報應。興風作浪的人，如果將本來和合的團體，弄得天翻地覆，傷害眾人失和，影響至鉅，來生就會無舌、短舌，或是成為百舌的特殊動物。有種鳥名為百舌鳥，非鳥而有百舌，會啼聲不止，直至舌出血而死。我們如果用口舌害人，所得的就是口舌方面的報應。

若遇邪見者，說邊地受生報。

邪見的人是愚癡的人，「邪見」即是邪道、不正見，不信因果、不信因緣、執常執斷。如果遇到邪見的人，地藏菩薩會勸告將得到來生出生於沒有佛法的邊地，承受不遇佛法的邊地受生的果報。我們因為過去世乃至今生護持三寶、護持正法，所以現在世投生在佛法如此興盛的時代與地方。

如是等閻浮提眾生，身口意業，惡習結果，百千報應，今粗略說。如是等閻浮提眾生，業感差別，地藏菩薩百千方便，而教化之。是諸眾生，先受如是等報，後墮地獄，動經劫數，無有出期。

前面所談及的閻浮提眾生因緣果報問題，都是由身、口、意所造作的惡業，也就是十惡業，包括身業三、口業四、意業三：殺、盜、邪淫、妄語、兩舌、惡口、綺語、貪、瞋、癡，這些惡的因緣與習性都會結為果報，報應多達百千種，現在只是略說而已。

我們之前所說的閻浮提眾生各種惡業果報，所造的惡業不同，所招感的果報便有種種的分別。地藏菩薩運用了百千種方便善巧方法，教化一切眾生，為的是讓這些造惡業的眾生，能有所警覺，而不用再度接受前述的種種果報後，又墮入地獄，動不動就是累劫那麼久，難以有解脫的時候。

在我們還未受果報之前，地藏菩薩都已經向我們說明得清清楚楚，如果我們仍舊執迷不悟，未來必然會繼續受到惡報，地藏菩薩對此實在是莫可奈何。有智慧的人可以透視未來，雖然未來還未發生，但是知道現在所種下的種子，將來還是會成果，所以對於點點滴滴的起心動念和言行舉止，都要小心為上。

是故汝等，護人護國，無令是諸眾業，迷惑眾生。」四天王聞已，涕淚悲嘆，合掌而退。

因此，佛陀希望四大天王能愛護這些眾生和國家，不要讓這些惡業果報迷惑他們。四天王聽完佛陀所說的因緣果報以後，痛哭流涕，深感悲歎，於是合掌退下。

我們眾生真的非常糊塗，往往造惡業卻渾然不覺，等到惡果成熟的時候，才哇哇大叫說：「我又沒做什麼不對的事，為什麼這麼倒楣？」我覺得這樣說是很不負責的話，問題是出在對自己內心的觀照力不夠，所以不知道自己究竟做了什麼。學佛能使我們將粗心變成細心，細心其實就是觀照力，清楚自己哪一句話說得不對，或是什麼樣的行為是犯戒的，如果每天都能夠自我檢討，將可以改善很多缺點和業緣。

如果我們過去生已種下很多善種子，現在更要種下善因緣，以結出更好的果報，讓我們的惡業得以改善，使善業變得更善。恆常心修善念，最簡單的就是念佛，是萬無一失的修行保障與基礎，我們真的要不斷發善因、結善緣，念佛、念菩薩名號都是我們的善因，廣結善緣，都是在種下善種子，等待結成福報。

從第四品〈閻浮眾生業感品〉可以得知，我們只要有善根因緣，都是地藏菩薩發大願要救脫的對象，所以是「明所化之機」。

〈第五品〉

地獄名號品

第五品名為〈地獄名號品〉，說明地獄的種種名號，以及所受的業報。地獄是誰造成的呢？不是閻羅王，不是鬼卒，而是自己的因緣業力形成的，造了種種極惡因緣，便形成了種種的地獄果報。想要不受地獄苦，就是要改善自己的心念和行為。

爾時，普賢菩薩摩訶薩白地藏菩薩言：「仁者！願為天龍四眾，及未來現在一切眾生，說娑婆世界及閻浮提罪苦眾生，所受報處地獄名號，及惡報等事，使未來世末法眾生，知是果報。」

所謂仁者，一般是指有仁德的人，在此是指慈悲的菩薩，地藏菩薩和普賢菩薩互相敬稱。普賢菩薩希望地藏菩薩能為天眾、龍眾和比丘、比丘尼、優婆塞、優婆夷等四眾弟子，以及未來、現在的一切眾生，說一些關於娑婆世界及閻浮提罪苦眾生，所接受報應的地方，介紹各種地獄的名稱，以及惡報一類的狀況，讓未來世末法的一切眾生，知道這些因緣果報。

普賢菩薩請地藏菩薩說明的原因，在於希望讓我們不但清楚知道確實有這些果報，而且是和我們每個人都有切身的關係。

地藏答言：「仁者！我今承佛威神，及大士之力，略說地獄名號，及罪報惡報之事。仁者，閻浮提東方有山，號曰鐵圍，其山黑邃，無日月光。有大地獄，號極無間。又有地獄，名大阿鼻。復有地獄，名曰四角。

地藏菩薩表示因承蒙佛的威神和菩薩大士的力量，他會約略地說明地獄的名稱，以及犯罪所受報應的狀況。在閻浮提的東方有一座名為鐵圍的山，這座山非常黑暗深邃，無論是日光或月光都照射不到，連一點光明都沒有。在這當中有大地獄名為「極無間」，也就是「無間地獄」，又有一個名為「大阿鼻」的地獄，其實大阿鼻也是「無間」的意思，「阿」是「無」，「鼻」是「間」。另外，還有一個名為「四角」的地獄。

復有地獄，名曰飛刀。復有地獄，名曰火箭。復有地獄，名曰夾山。復有地獄，名曰通槍。復有地獄，名曰鐵車。復有地獄，名曰鐵床。復有地獄，名曰鐵牛。復有地獄，名曰鐵衣。復有地獄，名曰千刃。復有地獄，名曰鐵驢。復有地獄，名曰烊銅。復有地獄，名曰抱柱。復有地獄，名曰流火。復有地獄，名曰耕舌。復有地獄，名曰剉首。復有地獄，名曰燒腳。復有地獄，名曰啗眼。復有地獄，名曰鐵丸。復有地獄，名曰諍論。復有地獄，名曰鐵鈇。復有地獄，名曰多嗔。」

還有地獄名為「飛刀地獄」、「火箭地獄」、「夾山地獄」、「通槍地獄」、「鐵車地獄」，我們從這些名詞就可以想像，用火箭、夾山、通槍、鐵車的這類處罰，都是疼痛難當的。被鐵車一直來回輾壓的痛苦，實在苦不堪言。

另有地獄名為「鐵床地獄」、「鐵牛地獄」、「鐵衣地獄」、「千刃地獄」、「鐵驢地獄」、「烊銅地獄」、「抱柱地獄」、「流火地獄」、「耕舌地獄」、「剉首地獄」、「燒腳地獄」、「啗眼地獄」、「鐵丸地獄」、「諍論地獄」、

「鐵鈇地獄」、「多瞋地獄」。

在如此眾多的地獄裡，我們試舉其中幾個地獄刑罰來說。銅本是非常堅硬的，但是熱度到達一千多度以上會變成銅汁，將這樣高熱的銅汁灌入口中，「烊銅地獄」實是極刑。「抱柱地獄」是將柱子燒到通紅，夜叉逼人抱著柱子，燒到全身焦爛脫皮。「耕舌地獄」是將我們舌頭拖出來，用牛來犁舌，這一報應往往都是不守口業的關係，兩舌、惡口、花言巧語所得的果報，會讓人到耕舌地獄去受苦。「剉首地獄」是一直不停地斬罪人的頭，頭一斬斷，就會馬上重長出來。

我們不要以為這些地獄景象離自己很遙遠，有些人為了賺錢或享用美食的快感，絲毫不顧眾生的痛苦而殺生，造作了萬死千生的恐怖地獄，而渾然不覺果報就等在後面呢！這就像是殺雞，一隻隻不斷地抓，一路不停地剁，不知道剁了多少雞頭，甚至在剁頭，不但不覺得畜牲們的痛苦，還自以為享受美食之樂，等到來世墮入地獄，就要不斷地親身去感受那種痛苦。還有「燒腳地獄」專門在燒腳，聽說熊掌鋸下來後，要用火燒，就像地獄刑罰一樣。「啗眼地獄」專啄眼睛，有的人特別愛吃魚眼睛，要小心將來就有可能到啗眼地獄去。

我們應該要愛護動物的生命，牠們將來償完業報也有機會轉生成人，而我們如果造惡多端，也可能由人變成畜牲。所有六道的眾生都是平等的，生死輪迴都是在換來換去，到底是誰在主宰生死？都是自己造作的結果，沒有人在主宰因緣，這是無法賄賂的，都是我們自己的問題。

地藏白言：「仁者！鐵圍之內，有如是等地獄，其數無限。更有叫喚地獄、拔舌地獄、糞尿地獄、銅鎖地獄、火象地獄、火狗地獄、火馬地獄、火牛地獄、火山地獄、火石地獄、火床地獄、火梁地獄、火鷹地獄、鋸牙地獄、剝皮地獄、飲血地獄、燒手地獄、燒腳地獄、倒刺地獄、火屋地獄、鐵屋地獄、火狼地獄。如是等地獄，其中各各復有諸小地獄，或一或二，或三或四，乃至百千。其中名號，各各不同。」

地藏菩薩告訴普賢菩薩摩訶薩，鐵圍山裡有如此多不同類型的地獄，數目多到無數無量。此外，還有「叫喚地獄」、「拔舌地獄」、「糞尿地獄」、「銅鎖地獄」、「火象地獄」、「火狗地獄」、「火馬地獄」、「火牛地獄」、「火山地獄」、「火石地獄」、「火床地獄」、「火梁地獄」、「火鷹地獄」、「鋸牙地獄」、「剝皮地獄」、「飲血地獄」、「燒手地獄」、「燒腳地獄」、「倒刺地獄」、「火屋地獄」、「鐵屋地獄」、「火狼地獄」。

其實，在人間也有類似的地獄景象。比如「叫喚地獄」，如果我們將人關入監牢虐待，讓人不停地哀嚎大叫，自己以後就會得到這種果報，喊破喉嚨也沒有人會伸出援手。「拔舌地獄」和造口業有關。我們的牙齒拔了以後就長不出來，「鋸牙地獄」則是牙齒不斷鋸、不斷生，這就是地獄的恐怖所在。

本段所提及的地獄，都算是大地獄，中地獄旁邊還有很多小地獄，這些小地獄不管是一個或兩個、三個、四個，或是幾百、幾千個都有，每個名號都不同。

地藏菩薩告普賢菩薩言：「仁者！此者皆是南閻浮提行惡眾生，業感如是。業力甚大，能敵須彌，能深巨海，能障聖道。是故眾生莫輕小惡，以為無罪，死後有報，纖毫受之。父子至親，岐路各別，縱然相逢，無肯代受。

地藏菩薩告訴普賢菩薩，這些地獄都是南閻浮提的作惡眾生，業力招感所成。業力的影響非常大，既大過須彌山，也大過大海，會障礙我們修道。因此，從現在開始，千萬不要小看我們的微小過失，以為小惡是沒有過錯的，即使是微不足道的像一根細髮的惡業，死後也會受到報應。即使是最親的父子，在受報的時候，也是各走各的路，各受各的報，即使相會在一起，也無法代受報應。

大部分的眾生都是隨業而生、隨業而死，如果能產生一點對治的作用，就已經不簡單了。如何對治？要靠發願。我們的業力非常大，除非有大願力，才有機會改變。凡夫的智慧不足、福報不足，很容易造惡業，所以我們不要一直甘於當凡夫，應該邁向聖道。修行佛道的第一個階段是超凡入聖，就是希望超越我們凡夫的習性，進入聖者的境界，但是當惡的因緣業力成熟時，往往會造成障礙，所以一定要守戒，才不致於墮入三惡道。

我們剛開始學佛的時候，有時會覺得不學佛比較自由，這好像沒開車之前，不知道交通規則，一旦開車後就知道要守交通規則，交通才能順暢。學佛後，發現這個也不行，那個也不行，好像是自找麻煩一樣，事實上，這是錯誤的想法。因為學佛以後，我們才會知道什麼事不能做，不然可能殺生無數卻心感歡喜，認為自己從殺生中賺得了很多錢，卻不知能賺到錢是來自過去修來的福報，而現在的殺生業力會結成未來的果報，終必自嘗苦果。所以正知正見非常重要，佛弟子必須要正命而活。什麼是正命？我們賴以生存的經濟來源，不能是造惡業來的，不能是從妄語、殺生、偷盜或賣淫來的，菩薩甚至不能賣酒。

我今承佛威力，略說地獄罪報之事。唯願仁者，暫聽是言。」

地藏菩薩告訴普賢菩薩，他因現在承蒙佛陀的威力，而可以大略地說一說地獄罪報的情況，請他聽一聽。

普賢答言：「吾已久知三惡道報，望仁者說，令後世末法一切惡行眾生，聞仁者說，使令皈佛。」

普賢菩薩回應說：「我在很久以前就知道惡道的報應，但還是希望能聽一聽您的說明，以讓將來末法時代因不明佛法而造惡的眾生，聽了您說的話後，可以誠心皈依三寶，並且學佛。」

地藏白言：「仁者！地獄罪報，其事如是：或有地獄，取罪人舌，使牛耕之。或有地獄，取罪人心，夜叉食之。或有地獄，鑊湯盛沸，煮罪人身。

地藏菩薩便解說地獄的種種情形，這些都是為了現在和未來世行惡的眾生而說，希望他們能夠因此學佛。

有的地獄拔取罪人的舌頭，用牛去耕犁；或是挖取罪人的心臟，給夜叉吃；或是將大鍋水煮沸，把罪人放入鍋中烹煮。這樣的畫面看似恐怖殘忍，但其實常發生在廚房裡，人們也像夜叉一樣，常使畜牲宛如墜入地獄，不但吃動物內臟，並在整鍋煮滾後，將雞、鴨放入煮食。雖然多半動物在烹調時已經死亡，但料理動物屍體的畫面，與地獄景象是相似的，更別說有些料理將活著的動物生吞活剝，手法非常殘忍的。或許有人認為地獄罪報像是一種恐嚇，其實佛教的核心宗旨，是希望我們能慈悲地對待他人，乃至於對待萬物生靈，都能將心比心、拔苦與樂，這正是佛教所說的慈悲心。

我們常常在不知不覺中造了很多惡業，有些人以為不知者無罪，其實第八識早已經全部記錄起來，並非不知道犯錯，就可以不用受報。不知者其實罪更多，因為愚癡的關係，會不斷地惡性循環去造作惡業。

或有地獄，赤燒銅柱，使罪人抱。或有地獄，使諸火燒，趁及罪人。或有地獄，一向寒冰。或有地獄，無限糞尿。或有地獄，純飛鏃鍱。或有地獄，多攢火槍。或有地獄，唯撞胸背。或有地獄，但燒手足。或有地獄，盤絞鐵蛇。或有地獄，驅逐鐵狗。或有地獄，盡駕鐵騾。

有的地獄會把柱子燒到赤紅，逼罪人抱柱子；有的地獄將罪人趕入熊熊烈火中炙燒；有的地獄冰天雪地非常嚴寒；有的地獄到處都是穢臭難聞的糞尿；有的地獄鐵刺、鐵鉤紛飛射向罪人；有的地獄火槍刺罪人；有的地獄重撞罪人的前胸後背；有的地獄專燒人的手腳；有的地獄鐵蛇絞纏罪人；有的地獄鐵狗追趕罪人；有的地獄讓罪人騎鐵騾。

人間的溫度是最舒服的，不會過冷或過熱，不像寒地獄、熱地獄都是非人的煎熬生活。「純飛鏃鏢」有點像夜市射飛鏢，有的地方會這樣射殺動物。

仁者，如是等報，各各獄中，有百千種業道之器，無非是銅，是鐵，是石，是火。此四種物，眾業行感。若廣說地獄罪報等事，一一獄中，更有百千種苦楚，何況多獄。我今承佛威神，及仁者問，略說如是。若廣解說，窮劫不盡。」

地藏菩薩告訴普賢菩薩說，類似這樣的業報，在地獄中有千百種刑具，材質都是用銅、鐵、石、火，看人有什麼樣的業報，就用什麼工具刑罰。「眾業行感」，這些業報是我們自己招感來的。

如果要詳細來說地獄罪報，就要把每一個地獄的百千種痛苦都說出來，而這實在是說不完的。更何況地獄如此之多，如何能說得盡呢？因此，地藏菩薩雖然承蒙佛的威力神通，只能簡單、粗略地向普賢菩薩概說地獄，如果要論遍所有的地獄，即使窮究一整劫的時間都說不盡。

從第三品〈觀眾生業感品〉、第四品〈閻浮提眾生業感品〉到第五品〈地獄名號品〉，這些內容就是說明地藏菩薩所要度化的對象根機，他專門度化造惡眾生，並發願如果不將他們度盡，便誓不成佛。這實在是非常深宏的大願力，度化一般人已經非常困難了，更何況是地獄眾生？

我們現在雖然是人道眾生，卻不一定能永遠都在人道，如果一不小心，也可能變成地獄道的眾生，所以要趁著自己擁有人身可以學佛，一定要用功修行，好好培養善的種子，以儲存未來修行的資糧。如此一來，不管我們將來投生在哪一道，都能有機會派上用場。

〈第六品〉

如來讚歎品

第六品是〈如來讚歎品〉，《地藏經》的第六品、第七品、第八品的內容是「明度脫之緣」，說明什麼情形是可以被地藏菩薩度脫的緣分。〈如來讚歎品〉的重點，主要為讚歎地藏菩薩的功德。

爾時，世尊舉身放大光明，遍照百千萬億恆河沙等諸佛世界，出大音聲，普告諸佛世界一切諸菩薩摩訶薩，及天龍鬼神、人、非人等：「聽吾今日稱揚讚歎地藏菩薩摩訶薩，於十方世界，現大不可思議威神慈悲之力，救護一切罪苦之事。吾滅度後，汝等諸菩薩大士，及天龍鬼神等，廣作方便，衛護是經，令一切眾生，證涅槃樂。」

當普賢菩薩請地藏菩薩介紹完地獄名號後，佛陀全身大放光明，普遍照耀百千萬億恆河沙等諸佛世界。有諸佛世界才遍照得到，其他沒有佛法的地方，則照耀不到，這是因為住在沒有佛法世界的眾生，與佛菩薩不能相應的關係，眾生必須要有善根，佛光才讓照耀得到。佛陀表示，當他入滅、不在世間後，所有的菩薩和天龍鬼神，都要非常慈悲地用種種方便法門來保護《地藏經》。因為只要《地藏經》能留存世間，眾生就有福報，萬一墮入三惡道，便有被度脫的因緣，能令一切眾生都有機會證涅槃之樂。

說是語已，會中有一菩薩，名曰普廣，合掌恭敬，而白佛言：「今見世尊讚歎地藏菩薩，有如是不可思議大威神德。唯願世尊為未來世末法眾生，宣說地藏菩薩利益人天因果等事，使諸天龍八部，及未來世眾生，頂受佛語。」

由於佛陀希望大家來護衛《地藏經》，所以普廣菩薩便發起了回應，並希望佛陀能將地藏菩薩過去所做種種不可思議大威神通，利益人天因果的事，讓末法的眾生如天龍八部及未來世界眾生，對佛法產生信心，願意頂受佛語，也就是受持最尊崇的佛陀開示。「頂受佛語」意思是將佛陀所講的話頂受，因為頭頂是人身最尊貴處，願意抱在頭頂上受持，表示《地藏經》非常尊貴。

爾時，世尊告普廣菩薩及四眾等：「諦聽！諦聽！吾當為汝略說地藏菩薩利益人天福德之事。」普廣白言：「唯然，世尊！願樂欲聞。」

這時，佛陀告訴普廣菩薩及四眾等，要大家好好地聽，聽他說明地藏菩薩如何利益人天福德的事。普廣菩薩回答：「好的，世尊，我們都會歡喜地聽聞。」

佛告普廣菩薩：「未來世中，若有善男子、善女人，聞是地藏菩薩摩訶薩名者，或合掌者、讚歎者、作禮者、戀慕者，是人超越三十劫罪。

佛陀告知普廣菩薩說，在未來世界中，有緣聽聞地藏菩薩名號的善男信女，或是合掌、讚歎、作禮、戀慕，都將由於這份善念，和地藏菩薩大願力相應的關係，這個人一時間就能超越三十劫的罪惡。

「普廣！若有善男子、善女人，或彩畫形像，或土石膠漆，金、銀、銅、鐵，作此菩薩，一瞻一禮者，是人百返生於三十三天，永不墮於惡道。假如天福盡故，下生人間，猶為國王，不失大利。

如果有人能彩畫菩薩像，或用泥土、石頭、木頭、漆器，或以金、銀、銅、鐵來塑造菩薩，瞻仰禮拜，將可以一百世誕生於三十三天。

三十三天是指忉利天，忉利天是天界第二層的天，第一層是四天王天，再上去就是忉利天。傳說忉利天的天主過去世曾經為供養佛陀，召集了三十二個人發心供養，他們因而修得很大的福報，後來都往生天界，成為天人。他們供養的方法是用東、西、南、北四面，加上東南、東北、西南、西北總共八方，八方各有四位天人，再加上中間的天主，總共為三十三天。

這些人不但享有天福，永不墮入惡道，即使一百世的天人福報享盡，下生人間後，還能夠當國王，福報一樣還是很大，所以說「不失大利」。

「若有女人，厭女人身，盡心供養地藏菩薩畫像，及土石膠漆銅鐵等像，如是日日不退，常以花、香、飲食、衣服、繒綵、幢旛、錢、寶物等供養。是善女人，盡此一報女身，百千萬劫，更不生有女人世界，何況復受？除非慈願力故，要受女身，度脫眾生。承斯供養地藏力故，及功德力，百千萬劫，不受女身。

如果有女人討厭生為女人身，可以誠心盡力供養地藏菩薩的畫像，或是雕塑菩薩像，用土、石、膠、漆、銅、鐵等材料來塑造菩薩像，如此堅持不斷地以堅定信心供養，常以香花、火燭、飲食、衣物、繒綵、幢旛、錢財、珍寶來供養地藏菩薩。這樣的善女在今生結束後，於百千萬劫中，都不會生在有女人的世界，更何況是再受報為女人身？除非是因為她自己的慈悲，而發大誓願的關係，希望以女人身來度化眾生。憑藉著供養地藏菩薩的神力，以及自己的功德力，將於百千萬劫中，不再轉生為女人身。

大部分人討厭當女人，因為女人身的病苦比較多，智慧、理性可能比較不足，但也並非完全如此，只是女人要在現世改變果報身很困難，因為今生的果報已形成，只能等待來生。雖為女人身，也可以改變自己的心量，將心量放大，也是一種轉女成男的心態。如果我們每一念都是善念，將感召許多善因緣，等到這世女身結束以後，將不會再重新承受女身的痛苦，除非是自己發願要受女身來度脫眾生。今生之所以得女人身，絕大部分是業力，少數是願力。發願以女眾身度化眾生比較能體恤女眾之苦，也比較細膩、柔軟、親切，所以透過女眾身度化眾生，也可以是一種願力。

復次，普廣！若有女人，厭是醜陋、多疾病者，但於地藏像前，志心瞻禮，食頃之間，是人千萬劫中，所受生身，相貌圓滿。

如果有女人討厭自己的容貌難看，以及為女人多病，可以於地藏菩薩像前，誠心瞻仰禮敬，關鍵在思想與心態的轉變，接受自己才能改善自己，心開意解，只在短暫的一餐飯之間，影響著將來千萬劫中所受生身，長相非常莊嚴。長相莊嚴，也是過去世有修，我們如果這世長相不夠莊嚴，今生就要好好用功修行，廣結善緣，不但今生人際關係就能改善，而且後世容貌也能夠莊嚴。

是醜陋女人，如不厭女身，即百千萬億生中，常為王女，乃及王妃、宰輔大姓、大長者女，端正受生，諸相圓滿。由志心故，瞻禮地藏菩薩，獲福如是。

長相難看的女人，如果能不討厭自己醜陋的女身，接受女身好好用功修行，將來在百千萬億的轉生中，可常生為帝王家的女兒，甚至是王妃，或是宰相、大戶人家、德高望重人家的女兒，相貌端莊美麗，體態各部位都長得莊嚴圓滿，沒有缺陷。這是因著誠心瞻仰禮敬地藏菩薩的緣故，所以能得到如此大的福報。能夠生在王宮貴族或大戶人家，能生在上層社會，都是有福德的女人。

復次，普廣！若有善男子、善女人，能對菩薩像前，作諸伎樂，及歌詠讚歎，香花供養，乃至勸於一人多人，如是等輩，現在世中，及未來世，常得百千鬼神日夜衛護，不令惡事輒聞其耳，何況親受諸橫？

如果有善男信女能在地藏菩薩像前，創作各種歌舞音樂，歌頌讚揚，並以香燭、鮮花供養，甚至只是勸導一人或多人一起來供養，像這樣的人，於今生及來生，都能得到百千鬼神的日夜保衛守護，不會讓惡事傳入他們的耳中，更何況是親自遭受各種橫死的災禍呢？

許多人看到全球天災人禍、動盪不安，難免會為自身安危感到擔心。其實只要專心用功修行，就能夠消災解厄，增福延壽，我們不但不會被社會黑暗汙染耳根，不會遇到意外的橫死危險，更不需要擔心遇到壞事或災難。相信自己好好用功耕耘善因善緣，自然能有福報。這不只是對三寶的信仰心，其實也是一種智慧，不要把心力耗費在煩惱上，方是上上之策。

復次，普廣！未來世中，若有惡人，及惡神惡鬼，見有善男子、善女人皈敬供養讚歎瞻禮地藏菩薩形像，或妄生譏毀，謗無功德及利益事，或露齒笑，或背面非，或勸人共非，或一人非，或多人非，乃至一念生譏毀者，如是之人，賢劫千佛滅度，譏毀之報，尚在阿鼻地獄，受極重罪。過是劫已，方受餓鬼。又經千劫，復受畜生。又經千劫，方得人身。縱受人身，貧窮下賤，諸根不具，多被惡業，來結其心，不久之間，復墮惡道。是故，普廣！譏毀他人供養，尚獲此報，何況別生惡見毀滅？

在未來的世界，如果有壞人或惡神惡鬼見到善男信女皈依、恭敬、供養、讚歎、瞻仰、禮敬於地藏菩薩的形像，而譏笑、詆毀說這樣做是沒有功德、沒有利益的事，或是露著牙齒冷笑，或是在背後偷偷說壞話，或是勸人一起為非作歹，無論是勸一人做壞事，或勸很多人一起做壞事，甚至於只要產生一念的譏笑、詆毀人的想法，這樣的人在現在的賢劫中，等到本劫千佛滅度以後，仍在阿鼻地獄承受極重的譏毀罪報。過了此劫數後，才去受生做餓鬼；再經過千劫，還要投生畜生；要再經過千劫，才能得到人身；即使受生人身，也是飽受貧困折磨，所生地位卑下，身體殘缺，並常被先前所造惡業纏結、困擾於心，所以不久之後，又將再度墮入惡道受苦無量。因此，譏笑、詆毀他人供養地藏菩薩，就已經得到這樣的果報，更何況是生出邪惡想法，想要毀滅別人的善根呢？這樣的果報自是更加嚴重。

我們要鍛練不被外境所轉的能力，這是一種工夫。別人如果為我們熱烈鼓掌，自己做得半死也甘願，但如果明明是做好事卻被嫌棄多事，我們就會生氣不做了。換個角度來說，我們為什麼不願意做好事？因為被外境影響了。以此類推，如果做壞事，別人為我們鼓掌，我們是不是就一直做壞事呢？這就是非常愚癡的地方。

因此，學佛想修智慧，首先要不受外境影響，能以我們的心來轉外境，而不是讓境來轉我們的心，這就是修行的工夫。我們不要受他人的影響，不管他們露齒笑，還是人前人後講是非，甚至找人一起嘲笑，都要勇往直前，不打退堂鼓。「順逆皆精進，毀譽不動心」可以當作我們用功修行的座右銘。

復次，普廣！若未來世，有男子女人，久處床枕，求生求死，了不可得，或夜夢惡鬼，乃及家親，或遊險道，或多魘魅，共鬼神遊，日月歲深，轉復尫瘵，眠中叫苦，慘悽不樂者，此皆是業道論對，未定輕重，或難捨壽，或不得癒。男女俗眼，不辨是事。

在未來世間，如果有善男信女久病臥床，求生不得，求死不能，或是晚上做夢，夢見惡鬼，甚至是已往生的親人，或遊走危險的道路；有的人夢遊會爬起床來，走到屋頂或海邊等危險的地方。如果經常作惡夢，猶如鬼壓床，常見恐怖的夢境，或共鬼神遊，年復一年會日益嚴重。「轉復尫瘵」，是指人變得消瘦虛弱。這樣久而久之，不但睡不好，甚至在夢中會哀喚父母，狀況非常悽慘，無法安樂。人一旦睡不好覺，身體就很難健康，造成一種惡性循環。

會產生這些嚴重的惡夢、睡眠問題，這些都是因緣業力的善惡、輕重尚在排列組合中，未成定案之前的景象，將會求生不得、求死不能，好也好不了，走又走不了。以一般男女世俗的眼光，分辨不出這是什麼情形，因為我們只會用肉眼看待這一切的表相。

但當對諸佛菩薩像前，高聲轉讀此經一遍。或取病人可愛之物，或衣服寶貝、莊園舍宅，對病人前，高聲唱言：『我某甲等，為是病人，對經像前，捨諸等物，或供養經像，或造佛菩薩形像，或造塔寺，或燃油燈，或施常住。』

如是三白病人，遣令聞知。假令諸識分散，至氣盡者，乃至一日、二日、三日、四日，至七日以來，但高聲白，高聲讀經。是人命終之後，宿殃重罪，至于五無間罪，永得解脫。所受生處，常知宿命。何況善男子、善女人，自書此經，或教人書，或自塑畫菩薩形像，乃至教人塑畫，所受果報，必獲大利。

遇到這些困境時，可以在諸佛菩薩像前，高聲轉讀《地藏經》一遍，或是取病人最喜歡的物品，比如衣服、寶貝、莊園、舍宅，在病人面前大聲地說：「我是某某人，為了這位病人，要在佛像前，捨離這些物品，或供養經典和佛像，或塑造佛和菩薩像，或建造塔寺，或燃油燈供養，或施常住。」這樣清楚告訴病人三遍，希望能夠讓他知道親人如此為他修福報。如果病人的神識不清醒，或是氣絕身亡，只要連續七天，高聲地對他說這些話，並持誦經文，此人命終之後，宿世所留下的災殃和重罪，甚至是墮入五無間地獄的重罪，都可以得到永遠的解脫。

為什麼能得到解脫呢？雖然病人生前造作很多惡業，但是儲存的不全然是惡種子，有時候也有善種子，當為病人修福而促成大量的善種子，自然就有解脫痛苦的機會。他在所投生處，能夠回想起自己前世的因果。

如果善男信女可以親自好好抄寫《地藏經》，或勸人抄寫，或自己塑造地藏菩薩像，甚至是教導人塑造地藏菩薩像和畫，他所得到的果報，一定能獲得非常大的利益。如前所說，別人為我們修福就已有這麼大的福報，更何況是自己用功呢？由此可知，只要願意用心修持《地藏經》，都必有大福報。

是故，普廣！若見有人讀誦是經，乃至一念讚歎是經，或恭敬者，汝須百千方便，勸是等人，勤心莫退，能得未來現在千萬億不可思議功德。

如果看見有人讀誦《地藏經》，或是一念心生讚歎，或是恭敬這部經，必須要用百千種善巧方便方法，以勸告這些人要殷勤精進，不要退失道心，將能得到未來、現在的千萬億種不可思議的大功德。

復次，普廣！若未來世諸眾生等，或夢或寐，見諸鬼神乃及諸形，或悲或啼，或愁或嘆，或恐或怖。此皆是一生十生，百生千生，過去父母、男女弟妹、夫妻眷屬，在於惡趣，未得出離，無處希望福力救拔，當告宿世骨肉，使作方便，願離惡道。

如果未來世間眾生有人在夢中或睡覺時看到許多鬼神，或是各種奇奇怪怪的樣貌，有的鬼看到你就對著你痛哭流涕，或是悲愁嘆氣，或是讓人驚恐不已，這些都是過去生的父母、兄弟姊妹、夫妻和親人眷屬，他們在惡道中受苦，無法解脫，沒有地方可以求得福報來救拔，所以會去尋找宿世的骨肉至親，希望能夠提供種種方法，幫助他們離開惡道。

我們因為有隔陰之迷，對於前世當然不復記憶，自然也不記得過去生的父母親友。但是人死後會有少許的神通之力，所以可以找到生前或過去世的親屬求救。如果夢到有形、無形的眾生來顯示他悲苦的情形，就要多誦《地藏經》迴向，因為他和我們有特殊的因緣，才會前來求救，不能因害怕而拒絕。如果沒有遇到這樣的情形，我們平時也可以誦《地藏經》迴向給一切眾生，因為所有的眾生都有可能是我們宿世的父母、兄弟姊妹，甚至是我們未來的父母、兄弟姊妹。

普廣！汝以神力，遣是眷屬，令對諸佛菩薩像前，志心自讀此經，或請人讀。其數三遍，或七遍。如是惡道眷屬，經聲畢是遍數，當得解脫。乃至夢寐之中，永不復見。

佛陀對普廣菩薩說：「普廣！你有大神通之力，可以遣令這些眷屬在佛菩薩像前，至誠懇切地親自讀誦《地藏經》，或請人讀經三遍或七遍，就能讓在惡道受苦的親屬立刻得到解脫，甚至在夢中，再也不會相見。」讀誦《地藏經》功德如此之大，更何況我們如果能將《地藏經》當成定課來用功、讀誦，親自讀誦最佳，功德更是無量，如果自己無法誦經，也可以請人讀經。如果我們一天看一部《地藏經》，或是三天一部，這樣慢慢累積下來，一年可以累積上百部的誦經功德。

「惡道眷屬」有可能是宿世的父母或子女，他們如果墮入惡道，便是惡道眷屬，而誦經的功德可以福蔭他們。惡道眷屬仰仗佛力解脫後，自然不會再託夢來提出要求，但是我們不能因為沒人要求，就懈怠不誦經。我們不只要為過去世的親屬誦經，很多無形的眾生也都需要得度的機會，而所有一切眾生都有可能是我們的惡道眷屬，加上我們自己本身誦經也可以獲得利益，所以更要加倍用功才是。

復次，普廣！若未來世有諸下賤等人，或奴或婢，乃至諸不自由之人，覺知宿業，要懺悔者，志心瞻禮地藏菩薩形像，乃至一七日中，念菩薩名，可滿萬遍。如是等人，盡此報後，千萬生中，常生尊貴，更不經三惡道苦。

如果未來世有各種下賤的人，比如當奴僕或是婢女，甚至是各種不自由的人。為什麼不自由？以奴婢來說，必須隨時聽主人使喚，所以是不自由的人。如果諸根不具，身體有殘缺，行動不便也是不自由的人。如果臥病在床，也是不自由的人。反過來說，只要是自由的人，都非常有福報，都有能力為受苦眾生來盡自己的一份心力。

要知道之所以不自由，都是因為宿業的招感，是因為過去所造的罪業。可以透過懺悔的方式，誠心誠意地瞻仰禮拜地藏菩薩像，或是在一至七天中，持誦地藏菩薩的聖號達一萬遍。如果能夠如此，在受過現世的果報後，就可以脫離惡業的報應，於未來的千萬生中，常生於尊貴的人家，不用再承受三惡道的痛苦。

復次，普廣！若未來世中，閻浮提內，剎利、婆羅門、長者、居士、一切人等，及異姓種族，有新產者，或男或女，七日之中，早與讀誦此不思議經典，更為念菩薩名，可滿萬遍。是新生子，或男或女，宿有殃報，便得解脫，安樂易養，壽命增長。若是承福生者，轉增安樂，及與壽命。

如果在未來世中的閻浮提內，無論是剎利種族的國王和官員、婆羅門種族、大富長者、在家修行的居士，或是一切人等，以及不同階級的種族，家中如有新生兒，無論是男嬰或女嬰，都可以在出生的七日之內，及早為他們讀誦《地藏經》這部具有不思議功德的經典，並為他們持誦菩薩的聖號一萬遍。如此一來，不但他們前世的罪報，可以得到解脫痛苦，而且今生能夠平安快樂，非常容易撫養長大，增福延壽。

在生命輪迴的過程中，從生到死的中間階段，是中陰期；不是陽，也不是陰，在陰陽當中，所以稱為「中陰」。在尚未形成後世生命的中陰期，是我們為亡者做功德的重要時刻。除了四十九天的中陰期，懷胎的十個月和出世的七天之內，也是為胎兒和嬰兒做功德的重要時機，因為此時業力尚未定案，是最有可塑性的時候，要好好把握。

孕婦懷胎時，可以鼓勵她們好好念佛，因為孩子會來投胎都是因為有很深的因緣，但是緣分還沒完全定案，希望善緣深、惡緣少，懷孕期間是做功德的得力機會。當然，孕婦本身願意念佛是最好，如果孩子的爸爸也願意一起念佛，那就更好。很多夫婦共修，在孩子生產之前，爸爸誦《地藏經》，媽媽誦〈普門品〉，這樣生出來的孩子，不管是男是女，一定是端正受生，相貌圓滿。如果父母能為孩子廣結善緣，孩子出生後會很好帶，比較不會生病，不用經常抱小孩上醫院，上學的時候，功課表現很好，不用花錢上補習班。所以用懷胎十個月或出生七天的時間，好好為孩子修福，這樣的經濟效應最高，可以換來十幾年不用為孩子煩惱，百利無一害，甚至生個報恩來的孩子，還能受到孩子的孝順與體貼。

復次，普廣！若未來世眾生，於月一日、八日、十四日、十五日、十八日、二十三、二十四、二十八、二十九日，乃至三十日，是諸日等，諸罪結集，定其輕重。南閻浮提眾生，舉止動念，無不是業，無不是罪，何況恣情殺害、竊盜、邪淫、妄語，百千罪狀？能於是十齋日，對佛菩薩諸賢聖像前，讀是經一遍，東西南北，百由旬內，無諸災難。當此居家，若長若幼，現在未來百千歲中，永離惡趣。能於十齋日每轉一遍，現世令此居家無諸橫病，衣食豐溢。

每月的一日、八日、十四日、十五日、十八日、二十三日、二十四日、二十八日、二十九日、三十日，就是「十齋日」，這十天是審察一切罪業的時期，天地鬼神在世間巡察，計算眾生的善惡業，決定罪報的輕重。如果可以每天持誦《地藏經》最為理想，如果不行，最好能在十齋日讀誦，等於一個月至少十次。如果這一世不識字，誦經有困難，至少要能勤念佛菩薩的名號。我們娑婆世界的眾生，一舉一動幾乎都是在造罪業。即使不殺害生命，只要一動念就是造罪業了，更何況是恣情縱欲殺害、竊盜、邪淫、妄語呢？如果能在十齋日在佛菩薩像前讀誦一遍《地藏經》，東、西、南、北四周圍，在一百由旬之內，不會遇到災難。大由旬是八十里，中由旬是六十里，小由旬是四十里。不管是長者或晚輩，不管是現在或未來，在百千歲中能永離惡趣。凡十齋日便讀誦《地藏經》一遍，則現世無橫災病厄，物質豐饒。

什麼是橫病？延醫、誤醫或者錯醫，病得非常冤枉。至於不該死而死，便是橫死。我們如果能受持《地藏經》的話，生病時才不會拖延，不但不會拖延，還能找到好醫生，甚至是剛好找到學佛、有醫德的醫生，而且非常相應，即能藥到病除。《藥師經》也提到受持《藥師經》能免除九橫，不只不會橫死，甚至沒有天災人禍的橫死。生、老、病、死雖不可避免，但是我們每個人都有福報因緣，可以壽終正寢，得到應該有的壽命。

很多年前在講《地藏經》時，有位老菩薩聽到地獄的恐怖景象，感到非常惶恐不安，問我：「師父！你能教我如何不墮入地獄道嗎？」如果你能對地獄起恐怖的心，那就有救了，怕就怕看到這麼恐怖的景象，還不當一回事，那就很難解脫了。如果我們有恐怖的心，便能產生一種警惕的作用，能更加用心來持戒，守護自己的身、口、意三業。《地藏經》不但是一部孝經，也是最好的道德經典。

幾年前遇到一位女居士說她弟弟很會算命，其實她自己本身就很會算命，他弟弟算到自己三十歲有一個大災難，果然在三十歲那年發生車禍死亡，所以她很傷心地問：「這算命真的這麼準嗎？有辦法避免嗎？」這要看福報因緣，依佛教來看，其實不用算命，如果我們能夠每天受持佛法，有些災厄就能夠避免。如果只會算命，卻不知怎麼避免，那就麻煩了，反而會心神不寧，魂不守舍，每天煩惱不知會發生什麼事。我們說煩惱的心就是惡念，煩惱心的惡念會結合惡因緣，促成惡果的形成。如果我們時時、日日、月月、年年都能起善念，受持經典、受持佛菩薩的名號，這就是每天都為自己消災解厄。因此，消災解厄不但要自己做，而且自己才能做得久久長長，受用最多。

別人幫你消災，你只得一點點利益，比如法師為你誦七部經，你才只得一部的功德，其他六部都是法師所得，這樣你不如自己誦七部，全部功德都歸你。如果你每一天誦一遍經，累積起來的功德將非常可觀。

是故，普廣！當知地藏菩薩有如是等不可說百千萬億大威神力利益之事。閻浮眾生，於此大士有大因緣。是諸眾生，聞菩薩名，見菩薩像，乃至聞是經，三字五字，或一偈一句者，現在殊妙安樂，未來之世，百千萬生，常得端正，生尊貴家。」

佛陀告訴普廣菩薩，地藏菩薩的大威神力利益之事，多到實在是說不盡，閻浮眾生和地藏菩薩之間具有大因緣。這些眾生不論是聽到地藏菩薩的名號，見到地藏菩薩的像，或是聽說《地藏經》的三、五個字，或是一首偈、一句話，都能在現世得到極好的安樂，在未來世及百千萬生的投生中，經常能長得容貌端正，並生長在尊貴人家。我們確實是具有相當大的福報因緣，才能和地藏菩薩結這麼深的法緣，能夠來受持地藏法門。

爾時，普廣菩薩聞佛如來稱揚讚歎地藏菩薩已，胡跪合掌，復白佛言：「世尊！我久知是大士有如此不可思議神力，及大誓願力。為未來眾生，遣知利益，故問如來，唯然頂受。世尊！當何名此經？使我云何流布？」

普廣菩薩聽完佛陀稱揚讚歎地藏菩薩後，跪下來合掌對佛陀說：「我在很久以前就知道地藏菩薩有如此多的不可思議神力和大誓願力，但是為了讓未來眾生都知道他的利益眾生功德，所以我才特別請教佛陀。」普廣菩薩不是為自己發問，所有菩薩的請法，往往都是為眾生請法，因為菩薩不會煩惱自己的事，菩薩是在煩惱眾生的事。佛陀在世的時間有限，普廣菩薩為免未來世的眾生不知道，所以特地請問。「唯然頂受」是希望眾生知道《地藏經》後，能夠頂受這部尊貴的經典。普廣菩薩繼續請示佛陀：「這部經究竟應用什麼名稱？應該如何流布宣傳這部經？」經名是一部經典畫龍點睛的精神、主題和特色，所以非常重要。

佛告普廣：「此經有三名：一名地藏本願，亦名地藏本行，亦名地藏本誓力經。緣此菩薩，久遠劫來，發大重願，利益眾生，是故汝等，依願流布。」

佛陀告訴普廣菩薩：「此經有三種名稱，一名『地藏本願』，但也可以稱為『地藏本行』，或名為《地藏本誓力經》。因為地藏菩薩從很久以前就發了最重大的誓願，要為眾生開創功德、得到利益。所以你們應該依著地藏菩薩的宏願，去廣為流布這部經。」

《地藏菩薩本願經》是三個名稱裡，最為通行的一個。《地藏本行經》的「地藏本行」，是指菩薩的行願。《地藏本誓力經》，是指地藏菩薩所發弘誓願力的經。這三個名稱都能使用為經名。

普廣聞已，合掌恭敬，作禮而退。

普廣菩薩聽完佛陀的話後，雙手合掌，恭敬地作禮而退。所有與會者，都對這部《地藏經》非常尊敬。

〈第七品〉

利益存亡品

第七品〈利益存亡品〉，說明如何冥陽兩利的事。遇到家裡有人亡故時，不但希望亡者往生善處，也希望陽者獲得利益。因此，第七品也屬於度脫之緣。

爾時，地藏菩薩摩訶薩白佛言：「世尊！我觀是閻浮眾生，舉心動念，無非是罪。脫獲善利，多退初心；若遇惡緣，念念增益。是等輩人，如履泥塗，負於重石，漸困漸重，足步深邃。若得遇知識，替與減負，或全與負，是知識有大力故，復相扶助，勸令牢腳，若達平地，須省惡路，無再經歷。

這時，地藏菩薩對佛陀說：「我看這些閻浮眾生，言行舉止、起心動念，無一不是罪業惡行。」由於我們的心非常粗糙，一般人常自認為是好人，好像沒做什麼壞事，其實不是殺人放火才算是造惡業，起煩惱、起惡念就是造罪。因此，必須細心觀察自己的心，才能體會自己究竟是善是惡。何謂善？清淨、利他即是善，清淨是無所求的心，無所求地利益眾生即是善；反之，雜染、自私則為惡，煩惱不斷。我們因為第七識的雜染，才帶著第八識去投胎轉世，而都帶著雜染的習氣來做人，因此煩惱是不需要學習，生來就充滿了煩惱，如果不懂佛法，也很難承認自己不斷地、不自覺地在造作惡業，善心善行反而是需要學習、用功、長養的。

因為我們宿世雜染、自私的習氣，導致愚癡、貪欲、驕慢與我見，縱然我們因有善根、修功德，暫時能獲得善利，卻多易退初心。我們最初都很發心，也很有善根，願意受持佛法，但很難恆常不斷，一遇到難題，就忘記而退縮。我們因忙碌於生活，一旦驟然面對生死問題，便會措手不及，所以平常要不斷累積善緣。

「若遇惡緣，念念增益」，如果遇到很多惡緣的時候，在動念之間就會順著造惡業，因為我們的心缺乏定力，所以容易被外境所轉，所謂「近朱者赤，近墨者黑」。如何避免心隨境轉呢？要透過聽經聞法的智慧，讓心有能力轉境，不讓境來轉心，才能斷惡行善。否則的話，於起心動念中，產生惡念的機會實在非常大。

作惡的人，容易像腳踏泥沼一樣沉下去，而且是背負非常重的石塊，所以行走會愈來愈困難，愈來愈沉重，腳步愈陷愈深。此時如果能遇見善知識，將可協助減輕負擔，甚至於搬走石塊，卸除了全身的重擔，自然就輕鬆起來了。這都要歸功於善知識的大力量，給予護持的能力，並提醒要站穩腳步，才能背負重物。如果到了平地，也需要自行反省，不能再重複先前所走過的惡路，不要一直惡性循環而不自知。

世尊！習惡眾生，從纖毫間，便至無量。是諸眾生，有如此習，臨命終時，父母眷屬宜為設福，以資前路。或懸旛蓋，及燃油燈，或轉讀尊經，或供養佛像及諸聖像。乃至念佛菩薩及辟支佛名字，一名一號，歷臨終人耳根，或聞在本識。是諸眾生所造惡業，計其感果，必墮惡趣，緣是眷屬為臨終人修此聖因，如是眾罪，悉皆消滅。

地藏菩薩對佛陀說，習慣造惡的眾生易從小如纖毫的罪業開始，便會不斷累積到無量重罪。在唯識學所說的五十一個心所中，有多達二十六個煩惱的心所，可以說是超過一半以上，只要起煩惱就是起惡念。由於貪、瞋、癡三毒，我們所起的往往都是惡念，所以起惡念不必學習，善念反而需要學習。惡念就像種子一樣，只要有一點惡緣，就會發芽、成長、開花、結果，結出無量無數的惡果。

「勿以善小而不為，勿以惡小而為之」，我們千萬不要輕忽小惡，要隨時留意將惡念轉換成善念。如何轉換呢？勤念佛菩薩的名號，便是最簡單、最安全的方式。一旦心起煩惱的時候，就要趕緊提起正念來念佛，轉換念頭。「是諸眾生，有如此習」，因為一般人就是有如此的惡習性，所以需要透過念佛，學習轉化為善念。

如此的眾生在臨終時，父母親屬最好能趕快為他們修福，這樣才有資糧可以照亮他的前程光明，讓他順利往生。如何修福呢？可在佛前懸掛幢旛、寶蓋，或燃點油燈供佛，或為他讀誦經典，或供養佛像及菩薩的聖像，甚至是為他念佛號、菩薩聖號，以及辟支佛的名字，每一聲聖號都要清清楚楚，能進入臨終者的耳根。

在眼、耳、鼻、舌、身等五根當中，耳根是最利的。耳根應當用於聽聞善法的聲音，人卻往往喜歡道聽塗說，這樣實在是浪費生命。當人臨終的時候，五根中最早失去功能的是舌根，最後則是耳根。有的人因為捨不得世間，臨終時心裡亂成一團，總覺得還有很多事沒有做完，或惦記著家人而感到不放心，心裡對生命、對家庭、對事業等充滿了貪戀，這時候便需要用佛號來提醒正念。貪戀的心屬於煩惱，即是惡念，臨終最重要的是起善念，如此才能相應於光明的未來去處。

如果臨終者可以透過耳根，將佛號聽入心識本處，也就是我們的第七、八兩識，這類人一生所造的惡業，如果計算因果的招感，原本必將墮入惡道，受極大苦報，但因為親友眷屬能為臨終者修種種福德，所以能消滅各種重大的罪障。

「聞在本識」的本識，是指第七識和第八識，雖然人死亡時，第六識會隨著前五意識失去功能，但是我們的本識仍在。第八識好像一個倉庫，與我們生生世世都是生死相隨，而且第八識會隨著第七識一起去投胎，故說這是「本識」。

若能更為身死之後，七七日內，廣造眾善，能使是諸眾生，永離惡趣，得生人天，受勝妙樂，現在眷屬，利益無量。

在亡者新亡七七四十九天之中，家屬為他造作善的因緣是非常重要的事，能將這點點滴滴的善因緣，直接儲存在亡者的業識裡，也就是第七、八兩識，將影響他到無盡的未來世，能讓他永離三惡道之苦，甚至能上生天道，成為安享殊勝妙樂的天人，而現世的眷屬，也能獲得無量的福報與利益。

是故我今對佛世尊，及天龍八部、人、非人等，勸於閻浮提眾生：臨終之日，慎勿殺害，及造惡緣——拜祭鬼神，求諸魍魎。何以故？爾所殺害，乃至拜祭，無纖毫之力利益亡人，但結罪緣，轉增深重。假使來世，或現在生，得獲聖分，生人天中，緣是臨終被諸眷屬造是惡因，亦令是命終人，殃累對辯，晚生善處。

因此，地藏菩薩對諸佛世尊，以及無形的天龍八部、人及非人等，勸於娑婆世界中的南閻浮提眾生，「臨終之日，慎勿殺害，及造惡緣」。地藏菩薩特別針對我們這些陽者眾生，勸告處理亡者臨終佛事時，千萬不要為了答謝前來悼念的賓客而殺生無數；盡量素食，才不會廣造惡緣。

百善孝為先，家中用餐應是長輩先動筷，晚輩才能用餐。因而依傳統習俗，長輩往生後，也要「侍死如侍生」，早晚在往生者的牌位前供飯，稱為捧飯或拜飯、孝飯。然而，亡者此時可以用嘴巴吃飯嗎？當然沒有辦法，捧飯其實代表一份孝順的心意，如果亡者生前葷食，將捧飯改為素食，也可以幫亡者結個善緣，不再殺生，因此不需擔心他吃不吃得慣素食。

「拜祭鬼神，求諸魍魎」，魍魎是指鬼怪，喜食葷腥。選擇以葷食求神、拜鬼神和喪事辦桌，其實都是順著凡人的惡習性和迷信，畢竟亡者此時已經無法作主。我們應該要替亡者作主，用好的、善的習性，為什麼這樣說？「爾所殺害，乃至拜祭，無纖毫之力利益亡人，但結罪緣，轉增深重。」因為你所殺和用於拜祭的葷食，沒有任何一點力量可以利益亡者，只會害他跟眾生繼續結惡緣，因而加重罪業。

在死後的四十九天當中，求善的功德、善的種子都來不及了，怎麼還為亡者增加惡業呢？如果心中有所掛念，可以燃香告訴亡者：「我不是故意違背你的意願，而是希望幫助你不殺生，結善緣。」

如此一來，「假使來世，或現在生，得獲聖分，生人天中，緣是臨終被諸眷屬造是惡因，亦令是命終人，殃累對辯，晚生善處。」這句話正是說亡者原本有機會可以往生天道，卻因臨終時受親屬所造的惡因連累，為他殺生請客，所以本來下輩子可以投生善處，可能還要再多等一世、二世才能轉生善處。因為要先去惡處受果報，甚至如果生到惡處時，容易繼續造惡的業力，也不一定有機會回到善處。

因此，殺生請客，本來是想答謝賓客，並不是幫亡者修福，反而會害了他。我們對於亡者都是起一分善念，希望能幫助他，尤其是自己的父母，更是要在七七四十九天中的這段時光報恩，因為之後的影響力量就減弱許多了。

何況臨命終人，在生未曾有少善根，各據本業，自受惡趣，何忍眷屬，更為增業？譬如有人，從遠地來，絕糧三日，所負擔物，強過百斤。忽遇鄰人，更附少物，以是之故，轉復困重。

如果臨終者在生時沒有什麼善根，阿賴耶識中的善種子很少、惡種子很多，根據這樣的本業，本來要隨業力所轉，因為種子若成熟，業報自然就會生到惡處去。臨終者本來的惡業就很多，親人如何忍心再替他增加惡業，讓他身在惡處更加痛苦？

這段經文便用一個譬喻來說明，如果有人從很遠的地方回來，他已經三天三夜都沒得吃了，身體非常虛弱，如果要再背著上百斤的行李，又突然遇到旁邊的人說：「你既然要到那裡去，請再順道幫我拿個東西過去吧！」這個人連一百斤都快背不動了，還再多加十幾斤重量，這樣真的會體力透支了。

世尊！我觀閻浮眾生，但能於諸佛教中，乃至善事，一毛一渧，一沙一塵，如是利益，悉皆自得。」

地藏菩薩觀察閻浮提的眾生，只要能在佛教裡，學習諸佛菩薩的精神，所能做的善事，即使只是一點點小善而已，好像「一毛一渧，一沙一塵」，卻不是白費力氣，因為這樣的功德利益，完全屬於自己所得。

說是語時，會中有一長者，名曰大辯——是長者，久證無生，化度十方，現長者身——，合掌恭敬，問地藏菩薩言：「大士！是南閻浮提眾生，命終之後，小大眷屬，為修功德，乃至設齋，造眾善因，是命終人，得大利益及解脫不？」

當地藏菩薩正說到此時，會中有一位名為大辯的長者，這位長者在長久以前就已證得解脫生死境界，早就是位證得無生的聖者，並非凡夫，為化度十方，而現出長者之身。「大士」是大菩薩，也就是菩薩摩訶薩，在此為尊稱地藏菩薩。大辯長者合掌恭敬地請教地藏菩薩：「我們南閻浮提眾生在命終以後，全家大大小小的眷屬為他修功德，乃至於設齋供養，或做種種的善因修福，就可以讓亡者得到大利益，甚至能解脫惡道之苦嗎？」

地藏答言：「長者！我今為未來現在一切眾生，承佛威力，略說是事。長者，未來現在諸眾生等，臨命終日，得聞一佛名、一菩薩名、一辟支佛名，不問有罪無罪，悉得解脫。

地藏菩薩回答大辯長者說，他正是承佛的威神力量，要為未來世及現在世的一切眾生，大略來說此事。未來世界及現在世界的許多眾生，如果在生命將亡時，可以聽聞到一位佛、菩薩或辟支佛的名號，不論他是有罪還是無罪，都有機會可以得到解脫。

若有男子女人，在生不修善因，多造眾罪，命終之後，眷屬小大為造福利一切聖事，七分之中，而乃獲一，六分功德，生者自利。以是之故，未來現在善男女等，聞健自修，分分己獲。

假如有人有生之年中，不懂得修善因善緣，而多做惡事，在生命結束後，全家大大小小的親屬如果能為他修造功德，在七分功德中，亡者只能得到一分，其他六分的功德，都由生者自得利益。由此可知，全家眷屬為亡者修善，實際上是生者反而得到的比較多，亡者得的比較少，因為這只是一種助緣。因此，由於生者自利，未來和現在的善男信女等，「聞健自修」，要趁著自身健康的時候，趕快為自己修善植福。如此一來，「分分己獲」，每一分利益都是自己所得。

為什麼我們一直強調中陰四十九天，對於超度亡者特別重要？因為亡者在此四十九天如癡如聾，因為色身六根壞死，完全沒有前六識可以做主。做佛事時，並不是出家人才能幫亡者誦經，身為亡者眷屬，自己就能夠誦經。而且最好能夠每天誦經，這樣勝過做旬（做七）。一般人家裡為什麼要做旬？因為沒辦法天天誦經，如果家族裡十幾個人，每人都可以每天誦經，這樣全家大小所得的功德，比亡者更多，亡者才得七分之一，所以會勸導一家大小都來誦經，讓亡者多得一些。並且藉著家人誦經的功德，仰仗三寶慈力，直接與亡者相應。因此，一切還是要靠家人自己的心力，好好地為亡者誦經造福，更能生死兩相安。

> 無常大鬼，不期而到，冥冥遊神，未知罪福，七七日內，如癡如聾。

因緣法一直不斷地排列組合，緣生緣滅。我們這期生命，不知道何時緣滅，一旦緣滅，就是無常的現前，就如同無常大鬼不期而至，無需約定，也不必事先通知，自然會來。

「冥冥遊神」就是中陰身，又稱中有身，中陰身所見世界是黑暗的，遊魂漂泊。因為亡者的身體死亡，前六識已經失去作用，中陰身就是第七、八兩識，無法思慮，完全在迷迷糊糊中的業力論對，不知道自己有多少罪福，因第七、八兩識因與緣的紀錄，還沒有排列組合出一個結果，所以在七七四十九天裡，如癡如聾。因此，七七日內為亡者多多造作善因緣，直接落入第七、八兩識中，參與排列組合，非常重要；七七日後，業力已定，參與的作用力就有限了。

或在諸司，辯論業果，審定之後，據業受生。

「或在諸司，辯論業果」，在七七四十九天的這段時間，就像是到法院打官司，在未定案以前，我們若能蒐集有利的證據，將會影響判案的結果，因為一旦判案，想要再翻案就比較困難了。佛陀告訴我們業報有輕重之別，什麼情形比較有力，什麼情形比較無力。因緣本身一直不斷地變動，定業並非絕對無法改變，只是定讞以後，翻案修改會比較困難。

比方說，如果父母已經往生兩、三年了，是否一樣要超薦他們？當然要，死亡四十九天以後的超薦並非無效，只是效果較少。雖然父母可能已經往生或投胎轉世了，但我們替父母超薦時，必定是起善念的情況，即能與之結善緣。因為有對象，再仗三寶力，功德靠因緣累積，亦靠因緣傳送，讓對象能相應到。人與人的緣分非常微妙，比如人與人此生初見，有的一見如仇，有的一見鍾情，這表示彼此有過去世的因緣，並非只有這一世的緣分而已。

中陰身的歷程就如打官司一樣，「審定之後，據業受生」，大概需要四十九天，沒有絕對的時間長短，但是現在的社會因大家生活非常忙碌，能做滿四十九天佛事已經是非常困難了。再者，現在殯葬企業化，講究效率，往往在舉行告別式前，不管多少天，大約七天、十天、半個月等，將中陰佛事草草了事，這真的是「騙死人」，明明亡者都還沒有完成中陰期，家屬就做完超薦佛事了，這也是沒辦法的事。

佛弟子為亡者誦經，至少要持續四十九天，不要拘於形式，即使女兒回娘家奔喪，也無法守喪四十九天，甚至從國外趕搭飛機回國的，能停留的時間也非常短，但是無論人在哪裡，都一樣可以為亡者誦經，仗三寶力，一樣會有心電感應的，既能迴向功德給亡者，自己也可以透過誦經紓解哀傷。

未測之間，千萬愁苦，何況墮於諸惡趣等？

在不知道投生結果前的四十九天中，就是「未測之間」，之所以會「千萬愁苦」，是因為內心煩惱的惡念種子比較多，更何況可能就在四十九天中就墮入地獄呢？

是命終人，未得受生，在七七日內，念念之間，望諸骨肉眷屬，與造福力救拔。過是日後，隨業受報，

命終的人在尚未投生之前，「在七七日內」，也就是四十九天中陰期中，每一

念之間都盼望自己的骨肉至親，可以修福行善來解救他。如果超過四十九天，就只能隨他自己所造的業，去承受果報了。

當我去居士家中協助做中陰佛事時，常常會勸亡者的骨肉眷屬，如果要報父母恩，一定要把握最關鍵的四十九天，因為之後超薦的力量就沒那麼大。想一想，老人家為家庭勤勤苦苦了好幾十年，用一年半載跟你換一天的誦經念佛，應該不過分吧？我們未來也總會變老，將心比心，我們為老人家造福四十九天，不用擔心沒錢為老人家造福，誦經不必花錢，這些都是法寶，佛教完全不藏私，人人都能自己誦經。

若是花錢請到敷衍了事的人來誦經，也是沒有效果的，他們只是來賺錢而已，不如我們透過自己悲切的心，仗三寶之力來誦經，反而能更直接為亡者祝福。對亡者來說，世間的名利對他一點幫助也沒有，大排場的喪事，說實在是為陽者的面子而做，展現自己的社會地位，但是對亡者來說是無效的。

在四十九天裡，唯有功德對亡者來說，才是最大的幫助。因此，亡者在四十九天裡都會一直盼望骨肉至親來超度他。如果連自己的親生骨肉都盼不來，更不要說是別人了。如果能為亡者造福，救拔他，透過我們的修福功德讓他能夠往生善趣，這才是亡者的最大希望。

若是罪人，動經千百歲中，無解脫日。若是五無間罪，墮大地獄，千劫萬劫，永受眾苦。

這樣罪業深重的人，一旦受到刑罰，動輒千百年都得不到解脫之日。如果是犯了五無間的大罪，墮入大地獄中，更不是用年來計時，而是用劫來計數，要千劫萬劫，永遠承受難以言喻的各種痛苦。

三惡道重罪是用百年、千年，甚至是百劫、千劫在計算，在此期間是無解脫痛苦之日，實在是求出無期。比如有些官員貪汙墮入畜生道，做牛做馬來還欠百姓的債，他們不只一世做牛馬，而是不知要投生幾生幾世當牛馬。因此，貪汙不要逞一時之快，以為已經拿到了賄賂，反正沒看到報應，便不管後面的果報如何。我們學佛知道因果以後，就不敢胡作非為，因為點點滴滴都是因緣果報，絲毫不爽。

復次，長者！如是罪業眾生，命終之後，眷屬骨肉，為修營齋，資助業道。未齋食竟，及營齋之次，米泔菜葉，不棄於地。乃至諸食未獻佛僧，勿得先食。如有違食及不精勤，是命終人，了不得力。

地藏菩薩再次對大辯長者說，犯了重大罪業的眾生，死亡以後，骨肉至親應當為他設齋修福，以幫助他得到解脫苦痛。要用素食方式來祭拜，甚至告別式請客，也用素齋與大家結善緣，資助他修道上的功德資糧。假如齋食還沒有結束，或正在進行中，淘過米的水或摘除的菜葉，不要丟棄在地上。我們處理齋食要非常惜福，不要浪費，要有處理廚餘的觀念，最好不浪費資源，能資源回收、充分利用。供品食物在沒有獻佛和供養僧人前，自己不可以先食用。為亡者辦素齋的目的，是為了供養三寶，所以要先供養再食用，這是一種善心善念，也是種下善種子。不要因為自己肚子餓了就趕快吃，而忘記了供養三寶。如果違背了這些規矩，自行先食用或沒有精進用心處理，這樣亡者就得不到功德了。

如精勤護淨，奉獻佛僧，是命終人，七分獲一。

如果我們供養三寶的態度非常精進勤奮，也就是說對三寶非常清淨恭敬，亡者可以得到七分功德中的一分。由此可知，要儲存功德給亡者是非常不簡單的，事實上，我們生者獲得的功德更多。

是故，長者！閻浮眾生，若能為其父母，乃至眷屬，命終之後，設齋供養，志心勤懇，如是之人，存亡獲利。」

就因為這樣的緣故，閻浮提眾生如果能為他們的父母或骨肉至親，在生命結束後，設齋供養三寶，誠心誠意，態度懇切，這樣的人來做佛事，無論是對於生者或亡者都能得到很大的利益，也就是能冥陽兩利、存亡獲益。

說是語時，忉利天宮有千萬億那由他閻浮鬼神，悉發無量菩提之心。大辯長者，作禮而退。

當地藏菩薩說完話時，忉利天宮裡多到難以計數的閻浮提鬼神，全都一起發起無量的菩提心。大辯長者便在作禮之後，退回到他原來的位子上。

大辯長者請法不是為了自己，而是為當時乃至未來的眾生請法，而我們其實就是當時的未來眾生，因著大辯長者的請法，我們才有聽聞的機會。雖然佛陀已經入滅，不在世間，但我們其實還是生在有佛法的地方，甚至還能聽聞正法，而這些都需要有相當的善根福報因緣，所以我們都是有福報的人。

〈第八品〉

閻羅王眾讚歎品

第八品〈閻羅王眾讚歎品〉，是指閻羅王率領眾鬼王讚歎地藏菩薩的不可思議功德，並勸導眾生修學地藏法門，內容也是介紹度脫的方法。閻羅王的梵文是Yamarāja，又稱閻魔王、閻摩王、閻羅天子、閻王，是地獄冥界之王。因為地獄的數量很多，所以閻羅王不是只有一個，每個區域就有一位閻羅王。地獄的數量是無限多的，所以「閻羅王眾」，即是「眾閻羅王」的意思。

爾時，鐵圍山內，有無量鬼王，與閻羅天子，俱詣忉利，來到佛所。所謂惡毒鬼王、多惡鬼王、大諍鬼王、白虎鬼王、血虎鬼王、赤虎鬼王、散殃鬼王、飛身鬼王、電光鬼王、狼牙鬼王、千眼鬼王、噉獸鬼王、負石鬼王、主耗鬼王、主禍鬼王、主食鬼王、主財鬼王、主畜鬼王、主禽鬼王、主獸鬼王、主魅鬼王、主產鬼王、主命鬼王、主疾鬼王、主險鬼王、三目鬼王、四目鬼王、五目鬼王、祁利失王、大祁利失王、祁利叉王、大祁利叉王、阿那吒王、大阿那吒王。如是等大鬼王，各各與百千諸小鬼王，盡居閻浮提，各有所執，各有所主。是諸鬼王，與閻羅天子，承佛威神，及地藏菩薩摩訶薩力，俱詣忉利，在一面立。

閻羅王住在地獄鐵圍山內，鐵圍山裡有無量的鬼王與閻羅天子。因為佛陀在忉利天說法，許多的閻羅王們都同時來到忉利天面見佛陀。這段經文提及的鬼王，都是大鬼王，他們的名號與自身特色相關，從名稱便可看出。這些大鬼王都帶有成千上百的小鬼王，他們都住在我們所在的閻浮提地區。

鬼王的名號，與他們本身的特質有關，因此有凶惡殘暴的「惡毒鬼王」、多造惡業的「多惡鬼王」；統領好諍論者的「大諍鬼王」；虎頭人身，身或白色的「白虎鬼王」；口如血盆的「血虎鬼王」；身或紅色的「赤虎鬼王」；散播災殃、瘟疫的「散殃鬼王」；飛行夜叉的「飛身鬼王」；眼光如閃電的「電光鬼王」；性狠，牙如狼牙的「狼牙鬼王」；多眼的「千眼鬼王」；血食鬼的「噉獸鬼王」；以石填河塞海的「負石鬼王」；耗損精神財力的「主耗鬼王」；主災厄禍害的「主禍鬼王」；管飲食，如灶君的「主食鬼王」；主管財富的「主財鬼王」；主管六畜的「主畜鬼王」；主管禽鳥的「主禽鬼王」；主管走獸的「主獸鬼王」；主管魑魅魍魎的「主魅鬼王」；主管人生產的「主產鬼王」；主管人從生到死過程的「主命鬼王」；主管疾病安危的「主疾鬼王」；主管高山峻嶺等險難之處的「主險鬼王」；三目、四目、五目凶猛的鬼王；主管無福德者的「祁利失王」；主管爵祿者的「祁利叉王」；能助人行善的「阿那吒王」。所謂大鬼王者，指其力較前者殊勝。

有很多人好奇：「世間是否有鬼神？」世間有鬼神，但依佛教來說，是以平等心來等視所有的眾生，所以對待天道、人道、阿修羅道和餓鬼道沒有差別。比如佛陀講經時，無論是鬼或是神，都一樣可以到忉利天聽法，因為佛陀慈悲無量，從不拒絕為任何眾生說法。

在六道裡，畜生道眾生愚癡、缺少智慧，沒有能力飛上天，無法得知佛陀在講經說法，人道的我們也沒有能力飛到天上聞法，通常都是天人與鬼王可以飛行自在前往聽法，佛陀會自然而然地感召與他有緣的眾生。

本段經文所提及的，都是屬於閻浮提的大小鬼王，他們各有不同的執事，都是在管我們的世間地獄事，並且也各有他們主管的範圍，所以這些鬼王與閻羅天子，都是承蒙佛和地藏菩薩的威神力，而得以一同來到忉利天，他們都恭敬地站立在一旁。

爾時，閻羅天子，胡跪合掌，白佛言：「世尊！我等今者與諸鬼王，承佛威神，及地藏菩薩摩訶薩力，方得詣此忉利大會，亦是我等獲善利故。我今有小疑事，敢問世尊，唯願世尊，慈悲宣說。」

這時，閻羅天子右膝跪地，合掌請問佛陀，他先感謝佛和地藏菩薩的力量加持，讓他和眾鬼王們得以來至忉利天大會。畢竟天界是無法隨意亂闖的，是因著佛陀才有講經說法的大會，一般是用美食來大宴賓客，而這裡是法的饗宴，讓聞者法喜充滿。這也是閻羅天子等眾獲得善根因緣的緣故，眾鬼王得以來此聽法，因為他們第八識種有善因緣種子，才能獲得善的功德利益。

閻羅天子向佛陀請法，他有一個很小的疑問，希望佛陀能為他解惑。有的人請法，認為這只是件個人的小事，但其實提出的疑惑往往是大眾的大事。我們心中的疑問，都有懷疑的共通性，也就是很多人同樣困惑不解，所以當我們提出問題來請教的時候，可以同時解決很多人的問題。

佛告閻羅天子：「恣汝所問，吾為汝說。」

佛陀告訴閻羅天子說：「你儘管問，沒有關係，我會為你們解說清楚。」佛陀絕對不會拒絕說法，都是鼓勵人放心大膽地問，不論是大難題或小疑事，都可以盡量提問。

是時，閻羅天子瞻禮世尊，及回視地藏菩薩，而白佛言：「世尊！我觀地藏菩薩，在六道中，百千方便，而度罪苦眾生，不辭疲倦。是大菩薩，有如是不可思議神通之事。然諸眾生，獲脫罪報，未久之間，又墮惡道。

當閻羅天子在瞻禮佛陀的時候，還回頭看看地藏菩薩，因為他所問的事與地藏菩薩有關係。閻羅天子告訴佛陀他心中的疑惑，他觀察地藏菩薩在六道裡，以千百種方式來努力解救眾生，他的心非常熱切，所以一點也不感到疲勞。閻羅天子想知道地藏菩薩有如此大的功德力和不可思議神通力，為什麼這些眾生剛解脫罪報不久，卻又重墮入惡道呢？

菩薩一旦發菩提心、行菩薩道，為了度眾生，自己不會感覺疲勞。可是為何眾生總是度化不完呢？這就是一種惡性循環，就好像我們幫助一個人脫離了黑道後，他可能只是離開一陣子，不久又犯罪被抓回監牢，除非他本身真心肯改，才能金盆洗手，這需要很強大的堅定意志力，方能不受外境所轉；甚至不只是意志力，如果沒有智慧，便總是被外境所轉。比如黑道兄弟一喊人打架就跟著打，自己沒有主宰力，即使得到善心人幫助，卻抵抗不了外境，修行上也是如此。

因此，聽經聞法非常重要，可以從中學習智慧，有智慧便能以自己的心來轉外境，這是非常重要的功課。無論遇到的是順境或逆境，自己都要好好努力，做應該做的事。什麼是應該做的事？如法，也就是與佛法相應。只要是如法的事，不論是被人恥笑或毀謗，都不退縮，勇往直前。只要自己的所作所為都是為了眾生，便不必感到氣餒。學佛會遇到很多的障礙，至於障礙是否會造成打擊、影響，則要我們自己下工夫。

世尊！是地藏菩薩既有如是不可思議神力，云何眾生而不依止善道，永取解脫？唯願世尊，為我解說。」

閻羅天子接著提問：「地藏菩薩既然有如是不可思議的神力，為什麼眾生卻不依著善道修行，永遠地求得解脫呢？敬請世尊為我等解說。」這是一個很好的問題，閻羅天子也是替我們發問，既然地藏菩薩有如此廣大的神通力，為什麼眾生仍會不斷墮入惡道呢？

佛告閻羅天子：「南閻浮提眾生，其性剛強，難調難伏。是大菩薩，於百千劫，頭頭救拔如是眾生，早令解脫。是罪報人，乃至墮大惡趣。菩薩以方便力，拔出根本業緣，而遣悟宿世之事。

佛陀告訴閻羅天子，南閻浮提眾生的性格非常剛強，難以教化調伏。但是只要有機會，地藏菩薩絕對不會放棄救度眾生。「頭頭救拔」是指一次又一次地、不斷地救完一個又一個，從百千劫以來，地藏菩薩都是這樣不斷地救拔我們，希望我們這些眾生可以早點脫離苦難。即使是因行惡而受報應的人，甚至是墮入大惡趣的人，地藏菩薩都會以各種方便善巧法門，從根本上來拔除他們的造惡種子，而使他們能覺悟憶起前世所做的惡事。

墮落大地獄是一種根本業緣，非常不容易救拔，但是地藏菩薩還是不放棄，要將地獄眾生救拔出來，而且讓他們能知道宿世的事。雖然我們不知自己的宿世，但至少從道理上能接受有無盡無數的過去世，只要能接受，我們的點點滴滴行為就會比較有道德觀念，因為我們知道還要面對無盡的未來。地獄眾生如果出離冥界的時候，知道自己的宿世，就會感到害怕，因為曾經在地獄受過苦，會害怕再度墮落下去。

假如不知道宿世的事，我們不會認為「不知者無罪」，而是「不知者可憐」，因為不知道便是愚癡，非常可憐，自己造作惡的業力，而不自知。我們雖然不知道宿世的種種情形，但是透過佛法的智慧，我們能肯定生命的流轉，就會珍惜因緣果報，而點點滴滴的起心動念與行為都應該合乎佛法，所以這是非常重要的修行關鍵。

自是閻浮眾生，結惡習重，旋出旋入。勞斯菩薩，久經劫數，而作度脫。

由於閻浮眾生造作的惡因緣和習性很重，所以很容易旋出旋入，短期間才從地獄出來，不久又墮落進去，因而要辛苦這位地藏菩薩，經歷久遠劫來度化解脫眾生。所以說菩薩難做就是這樣，菩薩要能行難行、能忍難忍。眾生非常愚癡，好不容易才救你出來，但你偏偏又墮落下去。即使如此，菩薩也不會有任何埋怨，也不會有任何一點放棄你的念頭。

有一位居士問我：「我很後悔以前做了很多錯事，但是時光無法倒轉，不能從頭再來，這樣的我還可以修行嗎？」其實我們只要有懺悔的心，都是有希望的，我們的生命不是只有這一世短短幾十年，還有無盡的未來世。我們要懺悔過去世所造的惡業，接受今生的業障；如果今生知道自己對不起誰，應該要當面道歉和懺悔，只要對方不再怨恨我們，惡緣就能消除，不會延續到來世。

如果不知道自己累生累劫究竟做錯了什麼事，佛教是用拜懺的方式來懺悔，很多道場都會舉辦像水懺、藥師懺、梁皇寶懺等法會，可以前往參加，拜懺要至誠發露懺悔，懺文會引導我們觀想的方法。

譬如有人，迷失本家，誤入險道。其險道中，多諸夜叉，及虎狼獅子、蚖蛇蝮蠍。

譬如有人迷失佛性，忘記自己是個佛弟子。由於我們有宿世以來的善根福德因緣，皈依佛門，佛家就是我們生生世世的婆家或娘家，讓我們能受到佛菩薩的庇蔭。但是如果迷失本家，就容易走入錯誤的道路中，誤入危險的道路，就可能遭受危及生命安全的眾多夜叉、老虎、狼、獅子、蚖蛇、蝮蛇等毒蛇或毒蠍，也就如同我們人生中的種種愚癡、貪欲、誘惑、無明煩惱等，而受到傷害。

如是迷人，在險道中，須臾之間，即遭諸毒。有一知識，多解大術，善禁是毒，乃及夜叉諸惡毒等。忽逢迷人，欲進險道，而語之言：『咄哉！男子！為何事故，而入此路？有何異術，能制諸毒？』是迷路人，忽聞是語，方知險道，即便退步，求出此路。是善知識，提攜接手，引出險道，免諸惡毒，至於好道，令得安樂，而語之言：『咄哉！迷人！自今以後，勿履是道。此路入者，卒難得出，復損性命。』是迷路人，亦生感重。

當這個迷路的人走進險途時，在很短的時間內，便會遭受各種危險的傷害。幸好出現一位善於指導的大善知識，了解許多有效的方法，善於制伏這些毒物，包括夜叉等。「多解大術」有更深一層的寓意，意思是指這位善知識是大乘的賢者，是一位菩薩，菩薩懂得用種種善巧方便的方式來度化眾生。為了隨順眾生，與眾生相應，所以他能「善禁是毒」，能夠禁止這些毒蛇、虎、獅等勇猛野獸傷害我們。夜叉、毒物代表著惡道，惡道看起來好像是外來的，可是如果我們自己沒有這些煩惱的惡種子，是不會相應的，也就是說如果我們相應這種情形，其實不是因為外境而已，而是自己內心必然有惡種子，因為我們本身就有毒性，所以才會與惡道相應。

為什麼我們會遇到狠毒的人？這表示我們也有狠毒的心，如果我們的心無毒，便不可能和狠毒的人相應，根本之道還是要靠自己修行來解毒。只要我們肯改過，心便不會再與惡道有所相應。社會雖然黑暗，但是我們不一定要同流合汙，如果能發善心，所到之處都是諸上善人俱會一處，便能感受到社會的溫暖、光明一面，這就是我們的心所感應出來的環境。

善知識能為我們做善巧的引導。「忽逢迷人」，忽然間，善知識遇到迷路的人。迷路的人欲進入險道，所以要趕緊警告他。「咄哉」是訶叱禁止的意思，「喂！等一下，你為何要走進這條危險的道路？你有什麼高明的方法可以制伏毒物？」如果你有高明的技術，踏入險路沒有關係，如果沒有本事，千萬不要一腳踏進去，以免白白喪命。經過善知識的一番警告，這位迷路人終於覺醒起來，這才知道步入險途，而立即後退，尋找離開的出路。這位善知識便拉著他的手，帶領他走出險道，避免被惡道毒害，來到安全的道路上，得到安穩快樂。迷路的人心生感激，覺得恩重如山。

> 臨別之時，知識又言：『若見親知及諸路人，若男若女，言於此路多諸毒惡，喪失性命。無令是眾，自取其死。』

臨別的時候，善知識又告訴迷路的人說：「如果遇到像你一樣迷路的親戚、知己朋友或路人，不論是男是女，都要趕緊勸導他們不要走進這條充滿了毒物和惡魔的險路，一旦誤入就會丟失性命。一定要勸告他們，以免自行送死。」雖有善知識引導你避免誤入險途，但是如果見到其他人，無論是你熟悉的親友，或是陌生的路人，也要勸阻他們不要走錯路。因為你有經驗了，所以也可以變成別人的善知識。

當我們聽經聞法，由佛法中得到利益後，也要將聞法的好處趕快告訴別人。當我們做錯事犯戒，透過懺悔得到安心的力量，也可以和別人分享。有的人會說：「我想在臨終時才來發願。」發願應該從現在就開始，而不是等要臨終祈求往生西方才發願。即使這一世是退休後才學佛，年紀大了才聽經聞法，其實也不算晚，只要這輩子有機會聽經聞法都是有善根。至於這種善根能否延續，就看我們有沒有發願。如果我們發願下一世一定要早點學佛，甚至是羨慕出家法師能專心受持佛法，當你起羨慕心時，也可以發願出家。

是故地藏菩薩具大慈悲，救拔罪苦眾生，生人天中，令受妙樂。是諸罪眾，知業道苦，脫得出離，永不再歷。如迷路人，誤入險道，遇善知識，引接令出，永不復入。逢見他人，復勸莫入，自言：『因是迷故，得解脫竟，更不復入。』若再履踐，猶尚迷誤，不覺舊曾所落險道，或致失命，如墮惡趣。地藏菩薩方便力故，使令解脫，生人天中。旋又再入，若業結重，永處地獄，無解脫時。」

正是因為這個緣故，地藏菩薩心懷大慈悲心，救拔所有一切罪苦的眾生，甚至投生到人間或天上，讓他們感受到脫離惡道的美妙快樂，這些受苦的眾生就會知道因業報墮入惡道的痛苦，而知道要尋求解脫之道，不再墮入惡道。

要知道惡的因緣業力結為罪報的痛苦，才有可能想要出離。如果我們不知人生是苦，就會在人間醉生夢死，因為感覺不到世間有什麼不好，甚至覺得趕緊享福都來不及了。我們往往是因體會到苦，才想要出離。就好像知道惡道的危險後，才會避開，如果不知道危險就會誤闖，所以我們要先知道業苦，才有可能出離，不再經歷下去。

這就像迷路的人，誤入險道，遇到善知識警告，接引走出險道，而永不再步入險境。善知識引接我們出離，也是要有智慧，才能讓我們「永不復入」。地藏菩薩不只救拔我們的苦難，更希望我們可以聽經聞法，因為智慧的建立要靠自己，如果我們放下萬緣來用功，就有機會啟發智慧。

我們就如同迷路的人，如果以後看到他人迷迷糊糊的樣子，跟我們以前的狀況一樣，就要去勸導他，不要步入險道。我們雖然不能做大菩薩，仍然可以做個小菩薩。這時自己會說：「我以前因為走錯路，而誤入險道裡來。但我現在得到了解脫，就不會再踏入惡道裡了。」假如自己又重蹈覆轍，那仍舊會迷失在險道裡出不來。有時覺知的能力比較差，不知不覺又糊里糊塗重入險道，如果因而再墮險道，必將失去生命。

我們如何培養覺知的能力？要將粗的心轉化成細的心，只有在細心當中才能覺悟，粗心的人其實很難覺知。有些人犯戒，有時是因為不知道才會犯戒，既然知道，就應不只是懺悔，還要從此時開始，確實做到以後不再犯，這樣才有作用。即使不知道，一樣要承受果報。上等根機的人不會重蹈覆轍，但是我們根機沒有好到那個程度，所以常常會忘記要下工夫。

如果惡業嚴重，就只能永遠留在地獄裡，飽受各種折磨，再也沒有解脫的機會了。當你不持念任何佛菩薩的名號，這樣連地藏菩薩想救你也沒辦法，因為無法相應，所以就無解脫時。能不能讓別人救你出來，也要看你自己本身的努力。當我們有能力修行時，就要多輸入一些善的因緣種子，也就是佛菩薩名號，這樣我們將來萬一墮入三惡道，地藏菩薩才有辦法解救我們。

爾時，惡毒鬼王合掌恭敬，白佛言：「世尊！我等諸鬼王，其數無量，在閻浮提，或利益人，或損害人，各各不同。然是業報，使我眷屬，遊行世界，多惡少善。過人家庭，或城邑聚落，莊園房舍。或有男子女人，修毛髮善事，乃至懸一旛一蓋，少香少花，供養佛像及菩薩像，或轉讀尊經，燒香供養一句一偈。我等鬼王，敬禮是人，如過去、現在、未來諸佛。勅諸小鬼，各有大力，及土地分，便令衛護。不令惡事橫事、惡病橫病，乃至不如意事，近於此舍等處，何況入門？」

這時，惡毒鬼王合掌恭敬地對佛陀說，無數住在閻浮提的鬼王們，有的會利益人，有的則會傷害人，因著任務不同，所做的事也就不同。且不說鬼王，我們人類不也是這樣？有的人願意利益他人，但是也有的人會損害他人，鬼王更是如此，尤其鬼王有神通，能呼風喚雨，能力比人類大得多，所以影響比較大。

鬼王都是根據眾生所受的業報，來指派部屬到世界各地去巡視。鬼王有神足通的神通，能遊行世界，想到哪裡就到哪裡。我們這輩子想要環遊世界，就需要拚命賺錢，才能有錢坐飛機或坐船去遊遍全球，這要擁有相當的福報。但是我們也不用太過羨慕鬼王，畢竟此道還是多惡少善。

巡視世界的結果，鬼王發現眾生是行惡者多，行善者少。鬼王在遊行世界中，會經過人道的家庭、城邑聚落和社區房舍。當他們看到人間男女雖然只修一點如同毛髮的小善事，但也是一種善念，或是懸一旛、一寶蓋，或是用少量的香火、鮮花來供養佛菩薩像，或是讀誦這部《地藏經》，甚至是燒香供養其中一句一偈的經文，這些行為都會讓鬼王們心生敬重，而願意利益人。反之，當鬼王們看到有的人無惡不作，就非常生氣地動用刑罰損害人。由此可知，鬼王的獎善懲惡，其實和人的行為有關係，當看到人心起善念，會隨之起善念。因此，鬼王看到我們受持地藏菩薩的《地藏經》，便會前來衛護。

有的人會說：「在家人不要誦《地藏經》，只要一誦，神鬼全都跑到家裡來了。」其實我們誦《地藏經》時，來的都是善類的鬼王，所以不需要害怕鬼王。鬼王會隨著人的心念變化，當我們起善念，就會有善鬼王前來護持，不會加害於人。如果你能以善業影響鬼王，等於你也是度了鬼王。

鬼王衛護我們就如同護持過去、現在、未來的諸佛一樣，會派很多小鬼王、金剛力士、土地公，讓他們負責守護平安，不讓凶災飛來橫禍，或是重病、意外死亡，以及不順心的事都不會靠近我們的家宅，更何況是闖進門內呢？

「橫事」是天災人禍，「橫病」則是延誤就醫或醫錯病，比如急送醫時偏偏遇到交通阻塞，而延誤就醫或甚至橫死，或是醫生誤診，沒有對症下藥，導致本不該死卻死了。人生總有生、老、病、死，生病是萬不得已，人最怕的是橫死，不該死卻死，最是冤枉。如何改善呢？受持經典和持誦佛菩薩名號，將可避免遇到橫事和橫病，因為會有非常多鬼神衛護的關係，比較不會遇到災難惡事。因此，如果我們能受持經典，住家的方圓幾里之內，可能都會比較平安順境，災厄無法入門，自然全家平安。

佛讚鬼王：「善哉！善哉！汝等及與閻羅，能如是擁護善男女等，吾亦告梵王帝釋，令衛護汝。」

佛陀因此讚歎鬼王「善哉」，當人能心起善念，願意受持佛經和佛菩薩名號，便也能相應於鬼王起善念來護持人。佛陀稱讚鬼王及閻羅王盡心盡力保護善男信女，不只鬼王發心衛護人，佛陀也將會請梵天王與帝釋天一起來守護人道眾生。

說是語時，會中有一鬼王，名曰主命，白佛言：「世尊！我本業緣，主閻浮人命，生時死時，我皆主之。在我本願，甚欲利益。自是眾生，不會我意，致令生死，俱不得安。

佛陀說完話以後，會中又有一位名為主命的鬼王起身告訴佛說，他是根據人們所造的業力因緣，以此來主宰閻浮提人的生死。如果業緣已盡，這個人就必死無疑；如果業緣未盡，雖然病得很嚴重，還是有機會延壽。就主命鬼王的本願來說，他實在很想好好利益在生死難關中的眾生，但是眾生卻不了解他的本意，所以眾生於生死關鍵時刻皆不能安寧。

「何以故？是閻浮提人，初生之時，不問男女，或欲生時，但作善事，增益舍宅。自令土地無量歡喜，擁護子母，得大安樂，利益眷屬。或已生下，慎勿殺害，取諸鮮味，供給產母。及廣聚眷屬，飲酒食肉，歌樂絃管，能令子母，不得安樂。

為什麼不能安寧呢？因為我們這些閻浮提的人，在孩子剛出世或將出生時，不管性別是男或女，都會想要做一些善事，所以土地公會非常歡喜地守護母子平安快樂，為一家大小帶來吉祥和幸福。除了幫助受孕的機會，在懷孕的過程中，也會協助避免流產，讓胎兒可順利出生。但是當孩子誕生後，必須要非常謹慎，要特別留意不要殺生換取鮮味給產婦補身體，鮮味就是類似生鮮勇猛的海鮮或畜牲肉，那就會以殺生來換取。或是宴請親友喝酒喫肉，殺生無數，歌舞奏樂，這樣反而會讓母子無法平安快樂。

一般家庭不只為坐月子的媽媽殺生，也常常為孩子做滿月慶祝，而「廣聚眷屬」，開始殺豬宰羊大肆請客，唱卡拉OK，聲色歌舞，慶祝看似很熱鬧，其實都讓人不得安寧。為慶祝而殺生太多，實在不是祝福母子平安的好方法，做滿月最好是素食，大家都可以廣結善緣。不論是喪事招待親友、七七四十九日的中陰期守喪，或是從生產到坐月子的三十天當中，素食都是修福結善緣的最佳方式。

何以故？是產難時，有無數惡鬼，及魍魎精魅，欲食腥血。是我早令舍宅土

地靈祇，荷護子母，使令安樂，而得利益。如是之人，見安樂故，便合設福，答諸土地。翻為殺害，聚集眷屬，以是之故，犯殃自受，子母俱損。

為什麼主命鬼王說生產的時候，殺生不是好事？因為在生產的時候，產母就像過鬼門關一樣危險，有無數的惡鬼和魍魎精怪、妖魅都想吃那些血腥，生產時會大量出血，他們特別喜好血的腥味，所以會聚合過來。

主命鬼王在很久以前，就希望這生產居家範圍中的土地靈祇能守護母子平安，所以他拜託土地靈祇們要好好保護生產順利，讓母子安樂，而得利益。但是人們往往見到孩子已經安全生下來後，心裡就放鬆了，甚至順著這個機會做滿月慶祝，想要答謝這些土地鬼神的保佑，結果卻變成了以殺生方式來殺豬宰羊，以此聚集眷屬，因為這個緣故，反而犯了禍殃，不僅要自作自受，也連累母子也一起損福。

我們每個有情眾生都有第八識的儲存空間，不但母親和孩子都有，畜牲和鬼神也有，只要是有情眾生都有意識，所做善業和惡業都會記錄，殺生自然會記錄惡業，留下惡的種子，所以「犯殃自受，子母俱損」。雖然一時之間可能看不出來，大家很高興地大肆慶祝，卻記錄下了許多惡種子，種子不會馬上發芽，所以不一定看得到開花結果。主命鬼王對此則是一清二楚，他知道生死之間是業力最敏感的時候，一定要好好把握多做一些善業，希望可以維護人的利益，而如此殷切提醒。

又閻浮提臨命終人，不問善惡，我欲令是命終之人，不落惡道，何況自修善根，增我力故。是閻浮提行善之人，臨命終時，亦有百千惡道鬼神，或變作父母，乃至諸眷屬，引接亡人，令落惡道，何況本造惡者？

不管閻浮提人的一生是行善或行惡，主命鬼王都不想讓臨終的人墮入惡道，如果臨終人本身已經非常善良，沒有墮入惡道的因緣，主命鬼王就容易度化，更為省力。行善的人都還會有百千惡道鬼神來找他，或變成他們的父母，或變成親屬，來引誘他們墮入惡道受苦，更何況是在世時行惡的人呢？

行善的人往往只看到自己現世行為而已，其實還有宿世的問題。人活著的時候陽氣很盛，臨終時會從陽轉陰，和陰界相應，而有百千萬惡道的鬼神前來變化為人形，欲讓亡者墮入惡道。因此，我們臨終前一定要有念佛的因緣，以保持正念。然而，我們臨終時是否能保持正念，是否有辦法念佛菩薩的名號，就要看平常下的工夫了。比如發生意外時，突然出車禍或跌倒，能否不假思索就念出一聲佛號？這時所念的佛號最為真切，如果能立即念出佛號，就能化險為夷，消災解厄。反之，如果念不出佛號，只會一路哀號，那就真的解救無方了！

有的人在家罵孩子，習慣罵：「死小孩！」「笨豬！」最好能改念：「你這孩子有夠阿彌陀佛！」雖然意思是「你有夠過分」，但至少不會口出惡言，又可以消消氣。如果孩子問：「什麼是阿彌陀佛？」正好可以轉念，心平氣和地和孩子說話。如果我們平常習慣念佛，不管遇到順境或逆境都是如此，說話就不會傷人，也不會傷自己了。

世尊！如是閻浮提男子女人，臨命終時，神識惛昧，不辨善惡，乃至眼耳，更無見聞。是諸眷屬，當須設大供養，轉讀尊經，念佛菩薩名號。如是善緣，能令亡者，離諸惡道，諸魔鬼神，悉皆退散。

如同閻浮提的男女二眾將死之時，神識不清楚，無法分辨善惡，因為諸根敗壞，所以眼不能視，耳不能聽。家屬須為他做大功德，讀誦《地藏經》，念佛號和地藏菩薩聖號，以此來為病人延壽；假如無法病癒，臨終時至少能得到佛菩薩的接引。念佛可以提醒臨命終人的正念，供養諸佛菩薩和誦持佛經則可以廣結善緣，讓亡者遠離各種惡道鬼神，因為所結的緣都是善道眾生。惡道鬼神與此善道比較不相應，惡道鬼神聽人念佛、誦經時，會發現此處不適合他，就會自動離開。

世尊！一切眾生臨命終時，若得聞一佛名、一菩薩名，或大乘經典一句一偈，我觀如是輩人，除五無間殺害之罪，小小惡業，合墮惡趣者，尋即解脫。」

《地藏經》有沒有規定我們一定非念地藏菩薩名號不可？沒有，只要聽到任何一聲佛或菩薩的名號，即是善念，就可得到解脫機會。我們也可以念聲聞、辟支佛的名號，但因為聲聞和辟支佛與眾生結的緣比較少，而沒有機會念他們的名號，佛菩薩與我們廣結善緣，所以才比較有緣稱念他們的名號。如果沒有結緣就不會認識，無法得知名號。我們的第八識要有佛的種子，才能念得出佛號，才有因緣被地藏菩薩解救。

因此，鬼王告訴佛說，所有眾生將死前，只要聽見一聲佛或菩薩的名號，或是大乘經典的任何一句一偈，鬼王看到這些人時，除了犯下五無間罪和殺害生命的重罪，其他本應符合墮入惡道的小小罪業，都能立即幫助他們得到解脫惡道之苦。

> 佛告主命鬼王：「汝大慈故，能發如是大願，於生死中，護諸眾生。若未來世中，有男子女人，至生死時，汝莫退是願，總令解脫，永得安樂。」

佛陀告訴主命鬼王說：「由於你們大慈悲的緣故，能夠發起如是廣大願力，於眾生的生死過程中，護持眾生免於惡道之苦。如果未來世界當中，有善男信女臨終時，你們一定不能退失這樣的大願，總是讓眾生能解脫惡道，並永遠得到善道的安樂。」

主命鬼王發大願要在生死當中護持眾生，但他畢竟只是一個鬼王而已，而非大菩薩，有可能只是在當鬼王的某段期間發善心，所以佛陀奉勸鬼王千萬不要退失道心，務必牢記他的願心。然而，主命鬼王如此好意，眾生卻是那麼愚癡，所想所做的總和鬼王的想法剛好相反，所以即使他想要維護我們，也會感覺很無力，眾生不是他想救就能救，如果眾生不肯配合，他們也無能為力。

鬼王白佛言：「願不有慮，我畢是形，念念擁護閻浮眾生，生時死時，俱得安樂。但願諸眾生，於生死時，信受我語，無不解脫，獲大利益。」

鬼王對佛陀說：「請不要憂慮我會退失願力，只要我擁有主命鬼王的身形，念念一定會擁護閻浮眾生，讓眾生們誕生與臨終的時候，都能得到安樂。」「畢是形」是指在當鬼王的期限內，鬼王就像我們人一樣，我們使用色身幾十年後，也會失去人身而「畢是形」，鬼王也有鬼王的形，無法永遠不變。

鬼王發願只要在他權責執事的一日，就不會退轉願心，會讓我們閻浮眾生無論生死都可以得到安樂，他期望所有眾生都能在生死之際，相信他所說的話，這樣就不會增長惡業，而得到解脫，並獲得大利益。

爾時，佛告地藏菩薩：「是大鬼王主命者，已曾經百千生，作大鬼王，於生死中，擁護眾生。是大士，慈悲願故，現大鬼身，實非鬼也。卻後過一百七十劫，當得成佛，號曰無相如來。劫名安樂，世界名淨住。其佛壽命，不可計劫。地藏！是大鬼王，其事如是，不可思議，所度天人，亦不可限量。」

此時，佛陀告訴地藏菩薩說，這位主命大鬼王已經當了百千生的大鬼王，在人的生死之間，保護眾生。「大士」即是菩薩，是因著他的慈悲願力，而現大鬼身，其實他不是鬼。換句話說，他是以鬼王身來行菩薩道。六道裡行菩薩道的機會，以我們所在的人道最多，其他道眾生則機會比較少。

只要經過一百七十劫以後，這位大鬼王就能成佛，佛號為「無相如來」。何故名為「無相如來」？因為他不執著形相，鬼王的形相非常可怕，即使不好看也不執著，所以他成佛後，就稱為無相如來。他成佛的時代，名為「安樂劫」，世界名為「淨住世界」，壽命長到無法用劫來計算。這位大鬼王的事蹟如是地不可思議，他所度化的人道和天道眾生，也多到無量無邊，無法計數。

〈第九品〉

稱佛名號品

第九品〈稱佛名號品〉和第十品〈校量布施功德緣品〉，這兩品是「明成佛之因，說明如何成佛。眾生皆有佛性，縱然我們現在是凡夫眾生，也都能成佛，只是修行的方向和知見一定要正確，才能引導我們的所作所為正確，修福報是讓第八識儲藏的善種子更多於惡種子，修智慧是放下執著。成佛的修行過程，不外乎是修福報和修智慧，要悲智雙運行菩薩道，才能到達到福慧具足的佛位，究竟圓滿。

〈稱佛名號品〉的內容，主為介紹稱念佛名所得到的功德，「稱」是指稱念，「名號」即是佛的名字。

爾時，地藏菩薩摩訶薩白佛言：「世尊！我今為未來眾生，演利益事，於生死中，得大利益。唯願世尊，聽我說之。」

這時候，地藏菩薩對佛說：「世尊！我現在為未來世界的眾生演說對他們有利益的事，讓他們在生死過程中能獲得大利益，希望您能聽我說一說我的願力。」地藏菩薩不是為了炫耀自己，也非為了展現自己的願力有多大，而是為了未來世界的眾生發願。

佛告地藏菩薩：「汝今欲興慈悲，救拔一切罪苦六道眾生，演不思議事，今正是時，唯當速說。吾即涅槃，使汝早畢是願，吾亦無憂現在未來一切眾生。」

佛陀告訴地藏菩薩：「你現在發起慈悲心，救度一切在六道輪迴受苦的眾生，演示不可思議的方便法門，現在正是時候，請盡快說出。我將要離開世間圓寂入滅了，如果幫助你早日完成你的誓願，我也可以不再擔憂現在世界和未來世界的所有一切眾生了。」由於佛陀將要入滅，所以要地藏菩薩趁佛陀在世的時候趕快說，這樣才有機會介紹地藏菩薩。如果沒有因緣，就沒有機會表達清楚，所以佛陀趁此機緣，要地藏菩薩將如何讓眾生獲得大利益趕快說出來。

地藏菩薩白佛言：「世尊！過去無量阿僧祇劫，有佛出世，號無邊身如來。

若有男子女人，聞是佛名，暫生恭敬，即得超越四十劫生死重罪。何況塑畫形像、供養讚歎？其人獲福，無量無邊。

地藏菩薩於是告訴佛陀，在過去無量阿僧祇劫，有位名為「無邊身」如來出世。佛號與佛的德行有關係，這尊佛的身相無邊，大到沒有邊際，盡虛空、遍法界都是他的身。在無邊身如來的時代，那個世界的男子、女人，只要聽到無邊身如來的佛號，即使僅於很短暫時間生起恭敬心，便可以超越四十劫生死重罪，得到這麼大的利益，更何況是塑造、繪畫佛像來供養讚歎？此人所獲得的福報之大，大到無法計算。

又於過去恆河沙劫，有佛出世，號寶性如來。若有男子女人，聞是佛名，一彈指頃，發心皈依，是人於無上道，永不退轉。

又在過去恆河沙數劫，有號為「寶性」的如來出世。若有善男信女在極短的一彈指間發皈依心，這個人就得以在佛道上永遠不退轉。

「一彈指頃」是指極短的時間，短時間要成就一個信仰，說簡單也簡單，說難也難，如果沒有善根，一彈指之間要生信，並不容易。但在那個時代踏上成佛之道，甚至不退轉，保持恆常心才是最為困難。修行最怕不斷地進進退退，因為一旦流浪生死，想重回佛道便很困難，所以我們很怕退失道心。在順境中保持信仰較簡單，但是逆境則不簡單，那才是真工夫，必須深知因緣果報的來龍去脈，才能堅持善因緣。逆境不過是過去世因緣結成今生的果報，如果能運用智慧接受逆境的考驗，逆境反而能增長我們修行的信心。

又於過去，有佛出世，號波頭摩勝如來。若有男子女人，聞是佛名，歷於耳根，是人當得千返生於六欲天中，何況志心稱念？

又於久遠的過去，有位號為「波頭摩勝」的如來出世，波頭摩勝是紅蓮花，蓮花出汙泥而不染，佛於染濁的世間利益眾生，卻不被世間染濁。「勝」是勝出，紅蓮花勝過其他顏色的蓮花。如有善男信女聽聞波頭摩勝如來的名號，只要聽聞就好，只是經過耳根而已，他所得的利益，就可以生於六欲天上千次，更何況是專心稱念佛名？這樣的功德又更大。

又於過去不可說不可說阿僧祇劫，有佛出世，號師子吼如來。若有男子女人，聞是佛名，一念皈依，是人得遇無量諸佛，摩頂授記。

又於過去不可說不可說無法算計的無量劫前，有位號為「師子吼」的如來出世。師子吼是指師子吼如來說法，力量有如獅子吼一樣，佛說法能超越世間法，乃至世出世入無礙的緣故，能震醒眾生，猶如萬獸之王的獅子一吼，震醒森林中的所有野獸。如有善男信女聽到這位佛的名號時，於一念之中能皈依信受三寶，此人將可以遇見無量諸佛為其摩頂授記，將來必定成佛。

又於過去，有佛出世，號拘留孫佛。若有男子女人，聞是佛名，志心瞻禮，或復讚歎，是人於賢劫千佛會中，為大梵王，得授上記。

又於過去劫，有號為「拘留孫」的佛出世。現在劫為賢劫，過去劫名莊嚴劫，過去莊嚴劫最後三佛：毘婆尸佛、尸棄佛、毘舍弗佛、加上現在賢劫最初四佛：拘留孫佛、拘那含牟尼佛、迦葉佛、釋迦牟尼佛，稱為過去七佛，未來佛則為彌勒佛。拘留孫佛為過去七佛的第四位佛，現在賢劫第一尊佛，和我們比較接近，所以此處不說無量阿僧祇劫之前。

拘留孫的梵語意思是「所應斷」，如有善男信女聽聞到這位佛陀的名號時，能專心致志，以意業瞻仰和身業禮拜佛，或以口業讚歎這尊佛，也就是以清淨的身、口、意來恭敬佛。這樣的人，在現在賢劫長達千佛出現的大會過程中，成為大梵天王，並且能蒙佛授記。

「又於過去，有佛出世，號毘婆尸佛。若有男子女人，聞是佛名，永不墮惡道，常生人天，受勝妙樂。

又於過去無量無數劫前，有號為「毘婆尸」的佛出世。毘婆尸佛是過去七佛的第一佛，梵語意譯為勝觀佛、淨觀佛、勝見佛、種種見佛。「毘婆」是「勝」的意思，「尸」是「觀」的意思。如有男子、女人聽到這位佛的名號，將永遠不墮落地獄、餓鬼、畜生等三惡道，並常生於人間和天上，感受殊勝美妙的安樂。

又於過去無量無數恆河沙劫，有佛出世，號寶勝如來。若有男子女人，聞是佛名，畢竟不墮惡道，常在天上，受勝妙樂。

又於過去無量無數，如恆河沙數劫前，有號為「寶勝」的如來出世。寶勝佛以喻立名，至極尊貴，如寶中最勝。如果有人界的善男信女，聽聞到這尊佛的名號，就能畢竟不墮於三惡道，常生在天上，當然亦可生於人道，皆可享受殊勝微妙的安樂。「寶勝如來」是現在五方佛中的南方寶勝如來，居於歡喜世界。

又於過去，有佛出世，號寶相如來。若有男子女人，聞是佛名，生恭敬心，是人不久，得阿羅漢果。

又於過去無量劫，有佛號「寶相」的如來出世，寶相如來長相莊嚴相好，眾德成就，如果聽聞「寶相如來」的佛名時，能生起至誠的恭敬心，這個人不久後，將能夠證得阿羅漢果。

又於過去，無量阿僧祇劫，有佛出世，號袈裟幢如來。若有男子女人，聞是佛名者，超一百大劫生死之罪。

又於過去無量無邊劫數之前，有號為「袈裟幢」的如來出世，袈裟幢意為以僧寶袈裟身示現，果德如幢高顯。如果聽聞「袈裟幢如來」的佛名，將能超越一百大劫生死之罪報。一百大劫是極長的時間，一大劫有四個中劫，一個中劫有二十小劫，一個小劫包括一個增劫和一個減劫，所以一個小劫約一千六百八十萬年，乘以二十就是中劫，再乘以四是一個大劫，再乘以一百就是一百大劫。

又於過去，有佛出世，號大通山王如來。若有男子女人，聞是佛名者，是人得遇恆河沙佛，廣為說法，必成菩提。

又於過去無量劫前，有號為「大通山王」的如來出世。大通山王意為無所不知、無法不徹，如須彌山王般無與倫比，如果有善男信女聽聞「大通山王如來」的佛名，將得遇多如恆河沙數的佛，廣為眾生演說妙法，自己直接受益，這是非常大的福報，將來必定能夠成佛。

我們很害怕生在無佛的時代，容易中斷生生世世的菩薩道，還好今生生在有佛法的世界，如果能生值佛世，自然更加容易度化。佛陀非常知道眾生的根機，只要不是太過頑強的眾生，佛陀大部分都能調伏，事實上，學佛不是要佛陀幫忙調伏我們，而是我們透過佛陀的教導，願意用佛法來調伏自己。

又於過去，有淨月佛、山王佛、智勝佛、淨名王佛、智成就佛、無上佛、妙聲佛、滿月佛、月面佛，有如是等不可說佛。

經中又提到許多佛名：淨月佛、山王佛、智勝佛、淨名王佛、智成就佛、無上佛、妙聲佛、滿月佛、月面佛。佛是無量無數，但我們所認識的佛卻是有量有數，這是因為我們善根福報因緣不夠的關係，加上我們心量與眼界的局限問題。我們可以透過生生世世的學佛中，不斷地擴大自己的心量、心胸，開拓視野，讓自己可以一直不斷認識種種諸佛菩薩。

「世尊！現在未來一切眾生，若天若人，若男若女，但念得一佛名號，功德無量，何況多名？是眾生等，生時死時，自得大利，終不墮惡道。若有臨命終人，家中眷屬，乃至一人，為是病人，高聲念一佛名，是命終人，除五無間罪，餘業報等，悉得消滅。是五無間罪，雖至極重，動經億劫，了不得出，承斯臨命終時，他人為其稱念佛名，於是罪中亦漸消滅。何況眾生，自稱自念，獲福無量，滅無量罪。」

地藏菩薩對佛陀總結說，他之所以介紹這麼多佛名，都是為了讓眾生得到利益。無論是現在世界或未來世界的一切眾生，天人或人間的人，男人或女人，只要能念一尊佛的名號，所得的功德已是無量無邊，更何況是能念很多尊佛名呢？這樣的人無論生死，自己一定都能得到最大的利益，不會墮落到三惡道裡。

假如有人即將死亡，即使家裡只有一個親人，也可以大聲地為他念一尊佛的名字，只要臨命終的人所造不是五無間罪，其餘的罪業、罪報都可以滅除。曾有人告訴我：「我家只有我一人學佛，其他人要度都度不動。」如果家人學佛的因緣還沒成熟，不要失望或放棄，像這樣可以為家人念佛消業的功德是如此之大啊！一般人比較不會犯下五無間罪這樣的罪大惡極，這樣的重罪是無法透過佛號得到救脫的，其他的罪業則可以免除。因此，幫人臨終關懷助念的功德非常大，至少能讓臨終者種下善根因緣，也就是免於馬上墮入惡道，但是他的業報還在，只是可以慢點成熟，能在下一世趕快學習修行來改善。

五無間罪是殺父、殺母、殺阿羅漢、出佛身血、破和合僧，這五種罪業實在太重，一旦墮入地獄，業報的時間是以劫為單位計算，非常難以解脫。這樣重罪的人臨命終時，必須有人為他念誦佛名，在阿賴耶識種下佛號的善種子，才能與地藏菩薩的大願力相應，一稱南無佛，得以救拔出離地獄之苦。五無間罪並不是念佛就能消除，當造惡業者出離地獄以後願意改過向善，還能繼續修福報與智慧來改善因緣業力，才是長久之計、根本之道。這就好像光目女的母親、婆羅門女的母親，雖也是造了重罪，仍然有善因緣得到解救，但也得他們以後持續不斷地修行。一般人為亡者親屬念佛，不僅亡者獲福，自己也能得到很大的功德，更何況是親自念佛名號，建立自己善根福德因緣業力的基礎，便能得到無量無邊的福報，消滅無量無邊的罪業。

〈第十品〉

校量布施功德緣品

《地藏經》的第九品和第十品，都是屬於正宗分的第四部分，也就是「明成佛之因」。第十品〈校量布施功德緣品〉，則是專門幫助我們去比較同樣的布施，所得到的福報為什麼不一樣，這和每一位眾生自身有關，一樣是布施，當然希望所得的功德可以較大。

爾時，地藏菩薩摩訶薩承佛威神，從座而起，胡跪合掌，白佛言：「世尊！我觀業道眾生，校量布施，有輕有重：有一生受福，有十生受福，有百生千生受大福利者。是事云何？唯願世尊，為我說之。」

地藏菩薩觀察造業的六道眾生，比較他們的布施功德有輕重大小的差別，有些人是一生受到福報，有些人則是十世受到福報，還有些人能享福一百世、一千世，為什麼會有這麼大的差別？地藏菩薩為何要請教佛陀關於布施功德的輕重問題呢？地藏菩薩並非不知道答案，而是代替我們來請法發問。

爾時，佛告地藏菩薩：「吾今於忉利天宮，一切眾會，說閻浮提布施，校量功德輕重。汝當諦聽，吾為汝說。」地藏白佛言：「我疑是事，願樂欲聞。」

此時，佛陀告訴地藏菩薩說，他將在忉利天宮中對所有的與會者，說明閻浮提眾生布施的校量功德輕重，從中可以好好地比較、測量，人們布施出來的功德為什麼會有輕重的差別，希望地藏菩薩可以仔細注意聽。地藏菩薩表示，他對這件事感到疑惑，很高興能夠聽聞佛陀的解釋。

佛告地藏菩薩：「南閻浮提，有諸國王、宰輔大臣、大長者、大剎利、大婆羅門等，若遇最下貧窮，乃至癃殘瘖瘂，聾癡無目，如是種種不完具者。是大國王等，欲布施時，若能具大慈悲，下心含笑，親手遍布施，或使人施，軟言慰喻。是國王等，所獲福利，如布施百恆河沙佛功德之利。何以故？緣是國王等，於是最貧賤輩，及不完具者，發大慈心，是故福利，有如此報：百千生中，常得七寶具足，何況衣食受用？

佛陀於是對地藏菩薩說，南閻浮提有很多的國王、宰相、大臣、大長者、大剎利、婆羅門。所謂大剎利，是指官員。「癃殘瘖瘂，聾癡無目」，是指眼、耳、鼻、舌、身、意六根不俱全的人，眼根不俱全就是無目盲者；耳根不俱全就是聾者；癃是駝背或行動不便；瘖瘂是聲音不明亮，沙沙啞啞，無法說清楚的人；癡是愚癡的傻子。這些身分尊貴的人，如果遇到最下層社會的貧民，或是六根不全的殘障者，想要布施的時候，如果是真正懷有慈悲心，會放下高傲的自尊心，以親切的微笑親自到各處關懷救濟，即使無法親自一一布施，而請親信代為布施，也會要他們用柔軟的話語來慰問這些人。「下心含笑」，是用非常柔軟的心，不為彰顯自己的身分、地位，而是真正為對方設想，才可能下心含笑。如果像國王、大臣這樣的權貴，可以如此對待貧窮卑賤、身體殘疾的人，他們所得到的福報利益，就會如同布施上百條恆河沙數那樣多的佛，所得到的功德利益。為什麼能有這麼大的功德呢？因為他們能真正發出大慈悲心，自然也能得到如此大的福利，所以在他們未來的百千生中，將能夠得到各種珍貴的寶物，衣服、飲食更是受用不盡，能衣食無缺。

復次，地藏！若未來世，有諸國王，至婆羅門等，遇佛塔寺，或佛形像，乃至菩薩、聲聞、辟支佛像，躬自營辦，供養布施。是國王等，當得三劫為帝釋身，受勝妙樂。若能以此布施福利，迴向法界，是大國王等，於十劫中，常為大梵天王。

「有諸國王，至婆羅門等」，即是指前面所說的「諸國王、宰輔大臣、大長者、大剎利、大婆羅門等」。如果未來世界中，從國王到婆羅門等人，看到佛寺、佛塔、佛像，甚至是菩薩、聲聞、辟支佛像，如果能親自奉持供養布施的事，將有大福報。「躬自營辦」表示非常重視此事，而親自辦理，以表虔誠之心。這樣的國王等人，可以在三劫的時間裡，生為帝釋天，也就是忉利天的天主，享受許多美妙的快樂。如果他們能將這些布施的福利功德，迴向給法界眾生，將可以在十劫之內，常當大梵天王。大梵天王的地位比忉利天天主還高，因為他就在初禪天。

佛、菩薩、聲聞、辟支佛，都屬於四聖。因為一念覺，經過修行而超凡入聖，終於圓滿成佛；凡夫因為一念迷不知修行而輪迴生死。如果我們見到佛造像能生起恭敬心，甚至是發心護持修補，而讓他人也生起恭敬心，都會帶來很大的功德。

復次，地藏！若未來世，有諸國王，至婆羅門等，遇先佛塔廟，或至經像，毀壞破落，乃能發心修補。是國王等，或自營辦，或勸他人，乃至百千人等，布施結緣。是國王等，百千生中，常為轉輪王身。如是他人同布施者，百千生中，常為小國王身。更能於塔廟前，發迴向心，如是國王，乃及諸人，盡成佛道，以此果報，無量無邊。

如果未來世界中，從國王到婆羅門等人，看到前人修建的佛寺、佛塔、佛經、佛像，假如年久失修而損壞，而能夠發心修補，這樣的國王等人，如果親自處理此事，或勸募大眾一起布施，廣結善緣。他們將可於未來的百千生中，經常生為轉輪聖王，而與他們一同布施的人，則可於百千生中，經常生為小國王。如果還能在塔廟前將修補的功德迴向給眾生，他們的果報將可以成佛。因為這樣的果報是無量無邊的。

發迴向心和不發迴向心，有很大的差別，我們不但要修功德，還要有迴向的大心。有人問我：「我的父母生病痛苦，誦經拜懺後要如何迴向？」將誦經或者拜懺的功德迴向給父母，可以念〈迴向偈〉：「願以此功德，普及於一切，我等與眾生，皆共成佛道。」偈文中並未說，要將功德迴向給某某人，其實都是我們凡夫心在執著，所以要特別迴向給某人，其實這不是迴向，只是希望對方能夠受用到功德，這樣我們所得的功德，因為我們發心小，其實只有一點點。不只我們的父母會生病，別人的父母也會生病，所以不要全然只為自己的父母祈福，只能算是因緣而起。這就像光目女、婆羅門女，也是為了自己的母親，而開始發願，但是逐漸所發的大心，不僅僅是針對母親，只要是受苦的眾生，或墮入地獄的眾生，都希望能為他們設福，廣開方便法門，來度脫所有一切受苦眾生。

因此，我們不應只是為了父母迴向，當我們體會到法喜時，應該希望和更多眾生來共享，畢竟我們的生命不只來自父母，也來自眾生恩。我們能夠在此聽經聞法也是因著很多因緣的結合，才能有放下萬緣來修行的福報，需要感謝「三寶恩」：佛、法、僧三寶具足，帶給世間溫暖與光明；「父母師長恩」：父母師長的教導，讓我們長大茁壯；「眾生恩」：我們所處的社會，都是由家人或同事共同承擔而成就的；還有「國家恩」：國家領袖領導眾生國泰民安、風調雨順，才能無後顧之憂。因此，迴向給所有十方一切法界眾生，這樣功德就隨著心量變得很大。

迴向心是將我們凡夫執著的心擴大，不但自身感受到法喜，也希望擴大給所有眾生。不但自己能聽經聞法，也希望因緣未成熟者，將來能夠成熟，也有機會能夠聽經聞法。我們應當迴向一切法界眾生，「我等與眾生，皆共成佛道」，便不是只有我們想學佛、想成佛，而願與眾生同行，所以發迴向心是行菩薩道很大的關鍵。

復次，地藏！未來世中，有諸國王，及婆羅門等，見諸老病，及生產婦女，若一念間，具大慈心，布施醫藥、飲食、臥具，使令安樂。如是福利，最不思議：一百劫中，常為淨居天主；二百劫中，常為六欲天主；畢竟成佛，永不墮惡道，乃至百千生中，耳不聞苦聲。

如果未來世界中，從國王到婆羅門等人，看到老人、病人、產婦，假如在一念之間，生起大慈悲心，贈送錢財、藥品、飲食、睡覺用具，讓他們在艱難時，得到照顧而安樂。像這種最不可思議的福利，是在一百劫當中，可以常為三禪天的淨居天主；在二百劫當中，常為六欲天的天主。將來必定成佛，永遠都不會墮落三惡道，甚至在百千生當中，耳朵也聽不見痛苦的聲音，生活安樂。

如果布施只是為了滿足自己的虛榮心，想要沽名釣譽，這樣的功德並不大，因為以自我中心做善事，是帶有雜染的布施心。如果真心關懷社會眾生的生、老、病、死，就能有這麼大的福報，因為當我們伸出援手時，已放下自己的得失，完全只為關心對方的需求，而發起拔除別人的痛苦，讓人能夠安樂的慈悲心。其實，當我們助人能站在對方的立場時，暫時放下自己的執著，可以說是福慧雙修，能放下執著，就是智慧。

布施所得的功德，往往是天界的福報，雖然天界的福報非常大，但是我們修行的最高的目標，應該是成佛。成為帝釋天、梵王天、轉輪王的這些福報，是無法和成佛相提並論，因為在天界所享的福報，都還在第一大阿僧祇劫內，想要跳出第一大阿僧祇劫，必須透過迴向才有可能。如果只是安逸地生在天界享福，福報終有享盡的一天。我們如果能修與智慧結合的福報，便不只是人世間的福報。迴向成佛，讓我們自己及眾生都能邁向成佛之道，這才是最大的福報。

復次，地藏！若未來世中，有諸國王，及婆羅門等，能作如是布施，獲福無量，更能迴向，不問多少，畢竟成佛，何況釋梵轉輪之報？是故，地藏！普勸眾生，當如是學。

如果未來世界中，從國王到婆羅門等人，所做這樣的布施，將可以得到無量的福報，假如能夠迴向給法界眾生，不論所做的功德有多少，將來一定能成佛，更何況只是成為帝釋、大梵天王、轉輪聖王的這種果報呢？因此，佛陀希望地藏菩薩能普遍地勸化一切眾生，應該這樣子學習布施，不生慳貪心。

不管我們如何布施修功德，心裡都要希望所有的眾生皆共成佛道，不要擔心自己如果不能成佛怎麼辦。這就像祈福大家考試順利時，不要顧慮當別人都通過了考試，自己是否反而考不上，這也是因為自性妄執而有的愚癡。我們自己也在眾生之中，希望所有一切眾生都能成佛，自己怎麼可能無法成佛？我們應該要這樣來學習布施。

復次，地藏！未來世中，若善男子、善女人，於佛法中，種少善根，毛髮沙塵等許，所受福利，不可為喻。

如果我們在佛法裡，種了少少的善根，縱使小如一絲毛髮、一粒沙塵，所得到的福報也將大到無法比喻。因為種下善根，就能以佛法來思考，修福報的機會便會增多。雖然色身無法立即脫離生死的輪迴，但是我們能先得到自在，也就是比較有智慧而煩惱少，不會被世間的名利財勢所束縛。只要在布施中能與般若智慧結合，功德便會變得非常廣大，不只布施物質功德大而已，也不只是來往天界的福報而已；只要有一點小小的善根福報因緣，將來的功德都會非常宏大，得到不可思議的功德福利。

復次，地藏！未來世中，若有善男子、善女人，遇佛形像、菩薩形像、辟支佛形像、轉輪王形像，布施供養，得無量福，常在人天，受勝妙樂。若能迴向法界，是人福利，不可為喻。

如果我們遇到佛像、菩薩像、辟支佛像、轉輪王像時，能夠布施供養，便能得到無數的福報，經常生於人間、天上，享受最美妙的快樂。如果能夠將此功德迴向給法界眾生，所得到的福利將大到無法比喻。為何福報會如此大呢？因為保存佛菩薩像，並且流傳於世，將可讓後世無盡的眾生，因為見到莊嚴的佛菩薩像，而起歡喜心，由此而踏入佛門，這樣的功德非常可貴，自然獲福無量，不可言喻。

復次，地藏！未來世中，若有善男子、善女人，遇大乘經典，或聽聞一偈一句，發殷重心，讚歎恭敬，布施供養。是人獲大果報，無量無邊。若能迴向法界，其福不可為喻。

如果我們遇到像《地藏經》這樣的大乘經典時，或者只聽聞其中的一則偈頌、一句經文，產生發自內心的殷勤尊重心，恭敬法寶，而布施供養，出資印經，廣為流傳，將能得到很大的果報。假如可以將此功德迴向法界，所得到的福報將大到無法比喻。

復次，地藏！若未來世中，有善男子、善女人，遇佛塔寺、大乘經典者新，布施供養，瞻禮讚歎，恭敬合掌；若遇故者或毀壞者，修補營理，或獨發心，或勸多人同共發心。如是等輩，三十生中，常為諸小國王。檀越之人，常為輪王，還以善法，教化諸小國王。

如果我們遇到新建的佛塔、佛寺，或新印的大乘經典，要及時布施供養，瞻仰禮拜，恭敬地合掌，表示虔敬之心。如果遇到老舊或損毀的佛塔、佛寺，則要修復，大乘經典要重新印製流通，無論獨自一人出資護持，或勸請大家一起發心成就。像這類的人，將能在三十生中，經常投生成為各國的小國王；「檀越之人」就是布施者，將能常為轉輪王，也就是一國領袖，並運用善法來教導各國的小國王。

在護持佛教時，即使自己無法獨力承擔費用，而廣邀眾人合資，功德仍是一樣的，只要我們的發心是大乘心，不會因為邀請大家共襄盛舉，功德便因等比分配而縮小。不會因為找了十個人，自己就只剩十分之一的功德。因為邀請他人護持的本身，就是成就別人的福報。布施供養的關鍵在於心，而非錢財的數量。只要我們的心量大，具有迴向心，不但自己有不可思議的功德，也能成就別人不可思議的功德。就如公司裡的主管和部屬之間，可以相互影響，一起修福，所得的功德必是倍增。

復次，地藏！未來世中，若有善男子、善女人，於佛法中，所種善根，或布施供養，或修補塔寺，或裝理經典，乃至一毛一塵，一沙一渧。如是善事，但能迴向法界，是人功德，百千生中，受上妙樂。如但迴向自家眷屬，或自身利益，如是之果，即三生受樂，捨一得萬報。

迴向為什麼很重要？因為能幫助我們擴大心量，將發善心做為緣起，打開我們的心量、眼界，發大心迴向法界，想到更多的眾生。我們個人所種的佛法善根因緣，都如一滴滴的小水滴，雖然人的生命週期很短，幾十寒暑而已，但是透過迴向，就如同將水滴融入河川、湖泊甚至大海，讓生命週期得以擴大，雖然色身壽命依然有限，但是法身慧命得以延長，依我們經常發的大願「世世常行菩薩道」，讓我們世世突破隔陰之迷，回到佛家，永無止盡的修行。能夠如此行善，在百千生中，都能得到世世不可思議修行的安樂。

當我們的心量有限，所受的福報也就有限，此與每個人的根機有關。佛陀曾在《法華經．藥草喻品》中說：「雖一地所生，一雨所潤，而諸草木，各有差別。」佛法是沒有分別的，但是眾生的心量卻有差別，佛法就像大雨磅礡的一場大雨，但是大樹會吸收較多的水分，中型樹則吸收較少的水分，至於小花、小草則吸收的水分就更少了，這是自然的事，無法勉強。佛法本身並不複雜，是眾生複雜，而有根機的差別。

是故，地藏！布施因緣，其事如是。」

佛陀告訴地藏菩薩，布施的因果、因緣所得到福報的情形，就是這樣。布施的意義有如為自己與他人都種下步上成佛之道的種子，待時節因緣成熟時，不只自己能受到學佛的功德福蔭，也能成為他人學佛的福蔭。

第九品〈稱佛名號品〉和第十品〈校量布施功德緣品〉是談成佛之因，我們是否能成佛和所種的種子有關，所以布施修福很重要，福報必須要足夠，才有機會學佛成佛，否則的話，如果生活在貧窮中，連三餐都成問題，哪來工夫和餘力可以學佛呢？這樣就離成佛之道非常遙遠了。因此，要能廣種福田，廣結善緣。

〈第十一品〉

地神護法品

第十一品進入流通分，之後的兩品也都屬於流通分，此品名為〈地神護法品〉，堅牢地神是主掌大地之神，他發願要護持地藏菩薩，以讓三寶能長長久久流傳於世。

從〈地神護法品〉的介紹，可知堅牢地神如何衛護持誦《地藏經》者。

爾時，堅牢地神白佛言：「世尊！我從昔來，瞻視頂禮無量菩薩摩訶薩，皆是大不可思議神通智慧，廣度眾生。是地藏菩薩摩訶薩，於諸菩薩，誓願深重。世尊！是地藏菩薩，於閻浮提，有大因緣。如文殊、普賢、觀音、彌勒，亦化百千身形，度於六道，其願尚有畢竟。是地藏菩薩，教化六道一切眾生，所發誓願劫數，如千百億恆河沙。

堅牢地神對佛陀說，自己從久遠以來，都在仰視、禮拜無量的菩薩摩訶薩，非常地敬重，因為他們都有廣大不可思議的神通和智慧，能廣度眾生。在眾多的菩薩摩訶薩裡，地藏菩薩所發的誓願最為深重。地藏菩薩和閻浮提眾生有非常深的因緣，所以我們才有機會聽聞地藏法門，乃至啟發我們的善根。文殊菩薩、普賢菩薩、觀音菩薩、彌勒菩薩，都屬於菩薩摩訶薩的果位，更都是十地以上的大菩薩，只是未證佛位，他們也能分身無數度化六道眾生，但是他們的願力都有完成的時候，不像地藏菩薩「地獄不空，誓不成佛」，所發的誓願劫數多如千百億恆河沙，簡直看不到成佛的終點。

世尊！我觀未來及現在眾生，於所住處，於南方清潔之地，以土石竹木，作其龕室。是中能塑畫，乃至金銀銅鐵，作地藏形像，燒香供養，瞻禮讚歎。是人居處，即得十種利益。何等為十？一者，土地豐壤。二者，家宅永安。三者，先亡生天。四者，現存益壽。五者，所求遂意。六者，無水火災。七者，虛耗辟除。八者，杜絕惡夢。九者，出入神護。十者，多遇聖因。

堅牢地神說他看未來及現在的一切眾生，在所居住的地方，如果能在南邊清潔乾淨處，用土、石頭、木頭、竹子做一個地藏菩薩的龕室，並且塑畫其像，或用金、銀、銅、鐵來造地藏菩薩像，燒香供養，瞻禮讚歎。

只要能供奉地藏菩薩，就能得到十種利益，有哪十種呢？一是「土地豐壤」，即是土壤肥沃、五穀豐收，中國以農立國，土地肥沃或貧瘠會影響農作物豐收與否，供奉地藏菩薩像時，土地不會貧瘠，而變成豐壤。二是「家宅永安」，全家都能平安無事。三是「先亡生天」，先亡是已經亡故的親人，也就是祖先，他們將得以生天。四是「現存益壽」，在世的人可以增長壽命。五是「所求遂意」，祈求的願望可以心想事成。六是「無水火災」，不會遇到水災、火災一類災難。七是「虛耗辟除」，沒有虛驚離奇的怪事發生。八是「杜絕惡夢」，不會做惡夢。九是「出入神護」，出入都有護法神衛護。十者是「多遇聖因」，有學佛的福報，聽聞如何「超凡入聖」的佛法機會將大為增加。

世尊！未來世中，及現在眾生，若能於所住處方面，作如是供養，得如是利益。」

將來世界和現在世界的眾生，如果能在住處或家裡如此供養，將能得到所述的十種利益。很多做生意的人會在家裡供奉土地公，如果能在店裡供奉地藏菩薩，將會發現事業特別順利，家庭也很美滿，生活一切平安。

復白佛言：「世尊！未來世中，若有善男子、善女人，於所住處，有此經典及菩薩像，是人更能轉讀經典，供養菩薩。我常日夜，以本神力，衛護是人，乃至水火盜賊，大橫小橫，一切惡事，悉皆消滅。」

堅牢地神又對佛陀說，在未來世界裡，如果有人能在家裡安置《地藏經》或地藏菩薩像，甚至是不斷受持讀誦《地藏經》，以此來供養菩薩。堅牢地神將會以他的神通力日夜守護這個人，不會遇到水災、火災、盜賊，免除大小災禍，以及所有的惡事，都會全部消滅。守護修持地藏法門者，消災解厄，平安無事，這是堅牢地神，也是護法神所發的大願。

持誦《地藏經》不但是供養地藏菩薩，其實也等於供養自己的心，因為能轉變我們的心念。事實上，眾生的心能夠得到改善，就是在供養菩薩，因為菩薩的願望就是如此。佛菩薩的願望，不是要我們準備很多花果禮拜他，即使你不準備這些也沒關係，對於佛菩薩最大的供養，是眾生改善修正行為，身、口、意三業持戒清淨，讓身心可以端正。而讀誦經典便能產生這個作用，我們不但要誦經，還要解經，也就是理解經典；不但要解經，還要行經，也就是學習依照佛經所講的方式去實踐。

佛告堅牢地神：「汝大神力，諸神少及。何以故？閻浮土地，悉蒙汝護。乃至草木沙石，稻麻竹葦，穀米寶貝，從地而有，皆因汝力。又常稱揚地藏菩薩利益之事，汝之功德，及以神通，百千倍於常分地神。

佛陀告訴堅牢地神說，你所擁有的大神通力量，沒有多少神所能比得上。這是為什麼呢？因為你是專門保護閻浮提所有土地的保護神，草木、沙石、稻麻、竹葦、穀米、寶貝，萬物依地而生，這些從地而有的萬物，都是依靠你的神通力保護才能存在。而你又能常常稱揚、讚歎地藏菩薩所做的功德利益的事。因此，你的功德和神通力量，已比普通地神高出百千倍。

堅牢地神因是專門管理閻浮提土地的神，所以和地藏菩薩的緣更親，具有護持地藏菩薩的善根，所以他就會護持修行地藏菩薩法門的人。而依我們中國對地藏菩薩的因緣來說，也是非常有緣，因為我們是以農立國的國家，一切都是看天吃飯。如果信仰地藏菩薩，堅牢地神也會保佑土地每年都大豐收。很多人拜土地公，堅牢地神和土地公不一樣，土地公管理的範圍較小，比較像鄰長、里長，但因所管的範圍較小，反而跟我們關係比較親切，容易熟識，但是力量比較有限，當社會發生大事時，就超出能力範圍了。土地的事是屬於堅牢地神所管，他的管理層級和範圍皆高出土地公甚多。

以佛教和天神的溝通來說，我們和堅牢地神的關係不是拜神求神，所以不會是因為有事求神而談條件，在度過難關後，就把神忘記了。如果與鬼神打交道，一旦惹惱鬼神生氣，會比得罪人還可怕，因為我們根本無力招架。因此，我們不要和神直接接觸，最好就是專心持誦《地藏經》。這些堅牢地神不是因為我們和他們套交情，所以來守護我們，而是同為護法的關係。這就像我們在佛教的團體裡，有法師、師兄、師姊的關係結合，但是沒有任何利益關係，當有人遭逢困難時，大家一起幫忙，接受協助的當事人只要感恩三寶。如何感恩呢？如果自己以後有能力，也會幫忙別人，所以不是只針對某個人來報恩。這樣的結合力量才會大，也可避免人我是非、爭名奪利，大家都是為了護持三寶而團結合作。

若未來世中，有善男子、善女人，供養菩薩，及轉讀是經，但依地藏本願經一事修行者，汝以本神力，而擁護之。勿令一切災害，及不如意事，輒聞於耳，何況令受？非但汝獨護是人故，亦有釋梵眷屬、諸天眷屬，擁護是人。何故得如是聖賢擁護？皆由瞻禮地藏形像，及轉讀是本願經故。自然畢竟出離苦海，證涅槃樂。以是之故，得大擁護。」

佛陀吩咐堅牢地神，如果未來世界有人供養地藏菩薩或《地藏經》，依《地藏經》所說的方法去修行，你要用你的神通力去守護他們，不要讓他們聽到一切災害和不如意的事，更何況是讓他遭遇這些惡事呢？不是只有你要保護他們，帝釋、梵王及諸天眷屬也都一起守護。為什麼可以得到這麼多的聖賢、帝釋、梵王、諸天眷屬共同擁護呢？這是因為能瞻仰、頂禮地藏菩薩形像，以及持誦《地藏經》的關係。這樣受持經典者就能夠脫離生死苦海，不再流浪生死，證得涅槃究竟安樂。以此緣故，所以能得到如此眾多的力量保護。

我們因為感動於地藏菩薩的這份大願力，非常願意向他學習。當我們能依著地藏法門修行時，便能與地藏菩薩的願力相應，一旦相應的時候，便會得到堅牢地神和諸天護法的守護。

在三大阿僧祇劫的第一階段修行裡，想要超凡入聖，必須至少有一個佛菩薩為學習對象，就像我們上大學讀書，需要得到教授的指導，才能掌握研究學問的要領。至於我們要以哪一尊佛陀或哪一位菩薩為修行典範，則是我們今生每個人的功課，一定要尋找到與我們契合根機的諸佛菩薩，才能持之以恆，並且突破萬難。

〈第十二品〉

見聞利益品

第十二品〈見聞利益品〉，「見」是眼見，「聞」是耳聞，本品告訴我們認識地藏菩薩和《地藏經》，可以獲得哪些好處。

爾時，世尊從頂門上，放百千萬億大毫相光——所謂白毫相光、大白毫相光、瑞毫相光、大瑞毫相光、玉毫相光、大玉毫相光、紫毫相光、大紫毫相光、青毫相光、大青毫相光、碧毫相光、大碧毫相光、紅毫相光、大紅毫相光、綠毫相光、大綠毫相光、金毫相光、大金毫相光、慶雲毫相光、大慶雲毫相光、千輪毫光、大千輪毫光、寶輪毫光、大寶輪毫光、日輪毫光、大日輪毫光、月輪毫光、大月輪毫光、宮殿毫光、大宮殿毫光、海雲毫光、大海雲毫光。於頂門上，放如是等毫相光已，出微妙音，告諸大眾、天龍八部、人、非人等：「聽吾今日於忉利天宮稱揚讚歎地藏菩薩於人天中利益等事、不思議事、超聖因事、證十地事、畢竟不退阿耨多羅三藐三菩提事。」

「頂門」即是頭頂，「毫相光」則是比喻佛陀所放的光明。在敘述中，先小後大，表示佛陀不只教導凡夫眾生和小乘者，並且也教導菩薩。比如先有一個「毫相光」，再有一個「大毫相光」，之後以此類推。至於我們究竟要接受大乘法或小乘法，那是自己根機的問題。如果我們是小乘者的根機，那也勉強不來，如果是大乘的根機，就能體會佛陀所現出瑞相中最大的光明。

佛陀顯現的這些百千萬億道毫光，就是現大瑞相。佛陀的白毫位在兩眉之間，由此放出無量無數的彩光，種種不一樣的光，都是為了適應不一樣的眾生。阿彌陀佛的〈讚佛偈〉也有「白毫宛轉五須彌，紺目澄清四大海」，白毫宛轉如同五個須彌山這麼寬，「紺目」是指阿彌陀佛的眼白部分，澄清如須彌山四周的大海這麼廣大。我們的眼睛這麼小，但佛眼大到四大海水也難以表達，可見佛的心量有多大。事實上，佛的大小是無量無邊，根本不能計量。

佛陀說法時，通常都先現瑞相後，再出微妙音，因為我們的見聞，都是透過眼識和耳識來感受。佛陀告訴所有在忉利天的大眾、天龍八部、人非人等，他們今天都聽到了佛陀稱揚、讚歎地藏菩薩在人道和天道裡，所做的種種利益眾生的事，以及不可思議的事。「超聖因事」是超凡入聖的事，這是凡夫階段修行的功課。善因善緣成熟，則福報現前，能成為修行的資糧，但是修般若智慧同樣重要，放下自性妄執，才能向上提昇修行的果位，這是超凡入聖的關鍵。「證十地事」是登初地以後，證十地果位的事，地藏菩薩早已經完成十地菩薩果位，雖然未成佛，但不退轉於成佛的事。

地藏菩薩因為發願「地獄不空，誓不成佛」，所以他接近「阿耨多羅三藐三菩提」，也就是快要成佛，但不是已證得阿耨多羅三藐三菩提的佛果，他為了悲憫三惡道眾生，尤其是地獄道的眾生，而畢竟不退轉於成佛。

說是語時，會中有一菩薩摩訶薩，名觀世音，從座而起，胡跪合掌，白佛言：「世尊！是地藏菩薩摩訶薩，具大慈悲，憐愍罪苦眾生，於千萬億世界，化千萬億身。所有功德，及不思議威神之力，

佛陀說到這裡的時候，法會裡有一位大菩薩起身，這位大菩薩就是我們所熟悉的觀世音菩薩。觀世音菩薩從座位上站起來後，胡跪合掌地向佛陀讚歎地藏菩薩。

地藏菩薩具有極大慈悲心，能憐憫罪苦的眾生，而在千萬億世界裡，化現了千萬億種身形，他的威神力真是不可思議，具有無量無邊的功德。

連觀世音菩薩也如此讚歎地藏菩薩，所以說菩薩摩訶薩之間不會互相嫉妒，只有凡夫眾生才會爭名奪利，嫉妒別人，不耐他榮。我們容易起慢心，看到別人有了一點成就，就見不得人好，想要毀謗對方致使身敗名裂，就此消失。這就是我們凡夫的心，這樣修行如何能進步呢？因此，要擴大自己的心量，能夠隨喜別人的成就，這樣才不會生起怨妒心，障礙我們的修道。觀世音菩薩已位為菩薩摩訶薩，還是一樣對佛陀胡跪合掌，我們對於三寶能否也有如此的禮敬態度呢？我們對於法師不但要合掌頂禮，並能讚歎和供養。有句話說「若要佛法興，就要僧讚僧」，不但出家法師之間需要互相讚歎，寺院和寺院之間也不應該互相毀謗，而要互相讚歎。

我聞世尊與十方無量諸佛，異口同音，讚歎地藏菩薩云：正使過去現在未來諸佛，說其功德，猶不能盡。向者，又蒙世尊普告大眾，欲稱揚地藏利益等事。唯願世尊，為現在未來一切眾生，稱揚地藏不思議事，令天龍八部，瞻禮獲福。」

觀世音菩薩說他聽到佛陀和十方無量諸佛，都異口同聲地讚歎地藏菩薩，即使是過去、現在、未來諸佛都一起來讚歎他的功德，也是無法說盡。這表示地藏菩薩的功德，實在是大到無法形容，所以連諸佛菩薩都說不完。

「向者」即是過去，過去又承蒙佛陀稱揚讚歎地藏菩薩利益人天的這些事，以此來啟發我們對地藏菩薩種種的信心，讓我們有信仰的心、維護的心、受持的心。如果沒有透過佛陀的介紹，我們可能也沒機會認識地藏菩薩。由觀世音菩薩向佛陀請法，是為現在和未來的一切眾生，稱揚地藏菩薩不思議事，不只是為了我們人道，也希望廣至天龍八部，都能夠瞻禮地藏菩薩而獲福。

佛告觀世音菩薩：「汝於娑婆世界，有大因緣。若天若龍、若男若女、若神若鬼，乃至六道罪苦眾生，聞汝名者、見汝形者、戀慕汝者、讚歎汝者，是諸眾生，於無上道，必不退轉，常生人天，具受妙樂，因果將熟，遇佛授記。

佛陀告訴觀世音菩薩：「你和南閻浮提這一娑婆世界，特別有大因緣。無論是天人或龍、善男人或善女人、一切的神或鬼，以及這六道裡的罪苦眾生，只要聽見你的名字，或看見你的形像，因而心生仰慕、讚歎你的人，必能於成佛之道不退轉，而且可以常生於人間或天上，得到快樂。不但如此，甚至等因果成熟時，還能蒙佛授記，將來必定能夠成佛。」

此處的「因果將熟」時，即指第二大阿僧祇劫圓滿。第二大阿僧祇劫結束時，等於是第七識的雜染，也就是俱生我執的雜染已經消除，之後修行菩薩摩訶薩的過程，只需要把雜染的習性轉染成淨，就能夠分身百千萬億。到了菩薩摩訶薩以後的果位，其實不想成佛也很困難，除非像地藏菩薩發這麼大的誓願，成佛之道才會成為非常遙遠的距離，就是因為他的願力廣大到不可思議。

汝今具大慈悲，憐愍眾生，及天龍八部，聽吾宣說地藏菩薩不思議利益之事。汝當諦聽，吾今說之。」

由於觀世音菩薩發了廣大的慈悲心，憐憫一切眾生和天龍八部，佛陀告訴觀世音菩薩，要好好地聽他述說關於地藏菩薩不可思議利益人天六道眾生的事。佛陀希望觀世音菩薩能夠仔細傾聽，於是佛陀便開始宣說。

觀世音言：「唯然，世尊！願樂欲聞。」

觀世音菩薩不是為自己請法，而是為了現在及未來的眾生，乃至關懷天龍八部而請法，希望令天龍八部能瞻禮獲福，而佛陀也非常高興地應允宣說。觀世音菩薩則回應佛陀，非常樂意聽佛細說。

佛告觀世音菩薩：「未來現在諸世界中，有天人受天福盡，有五衰相現，或有墮於惡道之者。如是天人，若男若女，當現相時，或見地藏菩薩形像，或聞地藏菩薩名，一瞻一禮，是諸天人，轉增天福，受大快樂，永不墮三惡道報。何況見聞菩薩，以諸香、花、衣服、飲食、寶貝、瓔珞，布施供養，所獲功德福利，無量無邊。

佛陀告訴觀世音菩薩，在未來和現在的所有世界中，天人所享受的天福非常安樂，可是一旦福報享盡，就要面對「天人五衰」的困境。何謂天人的五衰相？一是頭戴的花帽會凋萎；二是衣服會骯髒有灰塵；三是腋下會出汗；四是身體會發出臭味；五是坐在位子上無法安穩快樂，一直起大煩惱。這些情形對人道來說，不表示即將臨終，但是對天人來說，則代表快要結束在天上的美好時光了，即將墮入人間成為凡人，甚至是墮入三惡道受苦。天人的生活無憂無慮，思衣得衣，思食得食，想要什麼都能得到。如果天福已經享盡，之後就只能受苦了。

天人五衰等於是一種警訊，帝釋天也有過這樣的經驗，得知將要墮落馬胎，他非常緊張地去找佛陀解救，由此可知天人也會墮落惡道。天人遇到五衰相現前時，只要能見到地藏菩薩形像，或是聽到地藏菩薩名號，透過一瞻仰、一頂禮，就能讓天人轉禍為福，因為增長福報，而繼續享有天福的快樂，永遠不會有墮入三惡道的惡報。更何況是見到菩薩或聽聞菩薩的名號，以種種的香、花、衣服、飲食、寶貝、瓔珞來布施供養，所獲的功德福利，更是大到無量無邊。

如果我們能禮拜佛菩薩，不管是哪一尊，其實都能幫助我們消災解厄，延長壽命，甚至不會墮落三惡道。因為我們知道持戒、道德、因果的重要性，不造惡業，就不會有墮落三惡道的報應。

復次，觀世音！若未來現在諸世界中，六道眾生，臨命終時，得聞地藏菩薩名，一聲歷耳根者，是諸眾生，永不歷三惡道苦。何況臨命終時，父母眷屬，將是命終人舍宅、財物、寶貝、衣服，塑畫地藏形像。或使病人未終之時，眼耳見聞，知道眷屬將舍宅寶貝等，為其自身，塑畫地藏菩薩形像。是人若是業報合受重病者，承斯功德，尋即除癒，壽命增益。是人若是業報命盡，應有一切罪障業障，合墮惡趣者，承斯功德，命終之後，即生人天，受勝妙樂，一切罪障，悉皆消滅。

如果在未來和現在的所有世界中，所有六道眾生臨終時，耳根如果可以聽到一聲地藏菩薩的名號，便能永遠不會經歷三惡道的痛苦。這表示此人早已經種下善根，縱然真的墮落，憑著這一聲佛號，地藏菩薩就有辦法救拔他出離地獄。

更何況是父母和家屬將他所有的房子、財物、珍寶、衣服變賣，以塑畫地藏菩薩形像，或在病人尚未氣絕時，親眼看見、親耳聽到他的親人為他變賣財產，為了幫助他修福而塑造地藏菩薩形像，以此做功德。這個人如果業報是要生重病，接受到這樣的功德後，很快就會痊癒，並且延長壽命。如果依他本來的業報應當死亡，根據所有的業障，照理來說是要墮入地獄受苦，但是因著為他所修的功德，死後將可轉生天界，享受安樂，消除一切罪障。

復次，觀世音菩薩！若未來世，有男子女人，或乳哺時，或三歲、五歲、十歲以下，亡失父母，乃及亡失兄弟姊妹。是人年既長大，思憶父母，及諸眷屬，不知落在何趣？生何世界？生何天中？是人若能塑畫地藏菩薩形像，乃至聞名，一瞻一禮，一日至七日，莫退初心，聞名見形，瞻禮供養。

如果在未來世界中，有人在乳哺時，也就是孩子剛出生時，或是在三歲、五歲或十歲以下，就因為父母雙亡成為孤兒，甚至兄弟姊妹也不幸死亡或失散，這些情況都是業報所致。如同投生在戰亂中，就有很多人會遭遇這種事，或是發生大地震，全家人突然間都過世了，只留一、兩個人而已，就是類似這種情形。

當這個人慢慢地長大，想起父親、母親和所有的親人，心裡也會想為何和這些親人沒有緣分，他們到底流落在哪一道，投生於哪一個世界？像這樣的人可以塑畫地藏菩薩形像，或在聽到地藏菩薩的名號時，透過一瞻仰、一頂禮，從一日到七日裡，堅持不懈，不退失最初所發的心，無論是聽見地藏菩薩名號，或是看見地藏菩薩形像，都能夠瞻禮和供養。

是人眷屬，假因業故，墮惡趣者，計當劫數，承斯男女兄弟姊妹塑畫地藏形像、瞻禮功德，尋即解脫，生人天中，受勝妙樂。是人眷屬如有福力，已生人天，受勝妙樂者，即承斯功德，轉增聖因，受無量樂。

這個人他已過世的親人，如果是因為惡業而墮惡道，本當在地獄道裡受苦，此時可藉著他為父母、兄弟姊妹塑畫地藏形像與瞻禮功德，讓他所有家屬都很快地獲得解脫，生於人間或天上，接受殊勝妙樂。這個人的親人如有福力，已經生於人間或天上。接受這種殊勝妙樂的人，便是因為承接這樣的功德，所以可仰仗這種福報功德，而更增長超凡入聖的智慧功德，安樂無邊。

說實在的，在人天享受殊勝妙樂，是遠不及「轉增聖因」。在天道享福，雖然也很有福報，但只享受福報會障礙修道，所以要提昇，也就是轉增聖因。不是只有享樂，也要修智慧，才能知道什麼是凡夫，什麼是聖者，聖者能夠了脫生死，行菩薩道。人縱然有福報，如果沒修智慧，就無法踏上成佛之道，生命便不夠圓滿。

因此，前述失去親人的人，當他長大有能力替已故親人超薦做功德，這種善因也能夠使他們轉修智慧，受無量安樂，生生世世踏上成佛之道，得到真正的安樂。我們雖然還在凡夫地，但因為學佛懂得少欲知足，而能知足常樂，容易感受心靈的滿足，不追求如同無底深淵的欲望。貪得無厭是一種痛苦，當我們透過學佛開啟智慧後，就不會尋求物質上的享福，知道要盡量聽經聞法修智慧，才有機會了生脫死、行菩薩道，乃至圓滿成佛，這才真是一種無量的安樂。

是人更能三七日中，一心瞻禮地藏形像，念其名字，滿於萬遍。當得菩薩現無邊身，具告是人眷屬生界；或於夢中，菩薩現大神力，親領是人於諸世界，見諸眷屬。

前文說是一日至七日，現在則是更加強於三七二十一日。這個人如果可以在二十一天中，專心瞻仰、頂禮地藏菩薩形像，稱念地藏菩薩名號滿一萬遍，將可使地藏菩薩現出無邊身，並具體告知他親人轉生於什麼世界，或是在他夢中展現巨大的神通力量，親自帶領他到各個世界，去見所想念的親人。

我們都是「有邊身」，身體有形、有邊，所以夢見一般人的身影，也會和我們一樣是有邊身。但是地藏菩薩現的是無邊身，無邊身是盡虛空、遍法界的法身。要見得菩薩現無邊身，幾乎是在定境中才有機會，沒有透過禪定，可說是不可能的事，因為散亂的心不容易與諸佛菩薩相應。

更能每日，念菩薩名千遍，至於千日。是人當得菩薩遣所在土地鬼神，終身衛護，現世衣食豐溢，無諸疾苦，乃至橫事不入其門，何況及身？是人畢竟得菩薩摩頂授記。

如果可以每天念一千遍的菩薩名號，連續一千日始終不停，這個人會得到地藏菩薩指派土地神靈，去他的住處終生保護他，讓他此生豐衣足食，沒有病苦。至於凶橫的災難，根本連他的門都進不去，更何況是靠近身邊？這樣的人最後一定可以得到菩薩為他摩頂授記成佛，讓道心不斷精進。

如果我們不斷受持三年、五年菩薩名號，這樣便不只千日，如果能夠兩千日、三千日、幾萬日來受持，必得地藏菩薩感應，菩薩會派遣他管區內的地神來終身維護我們。我們平常請守衛或安裝保全系統，要花不少錢，請菩薩保佑我們，則不花一分錢，只需要花時間，用心來祈求。

持誦《地藏經》不但能得護法守護，逢凶化吉、消災解厄，甚至能衣食無缺、健康長壽，好處如此之多，我實在是想不通，為什麼很多人不能受持《地藏經》。

復次，觀世音菩薩！若未來世，有善男子、善女人，欲發廣大慈心，救度一切眾生者，欲修無上菩提者，欲出離三界者。是諸人等，見地藏形像及聞名者，至心皈依，或以香花衣服、寶貝飲食，供養瞻禮。是善男女等，所願速成，永無障礙。

如果在未來世界中，有人想要發廣大慈悲的心，來救度一切眾生，想要成就佛果或出離三界。這樣的人在見到地藏菩薩的形像和聽聞名號後，如能以至誠的心皈依地藏菩薩，或是用香、花、衣服、珍寶、飲食，來供養和瞻禮。這樣的善男子、善女人將很快就能如願，永遠都沒有障礙。

復次，觀世音！若未來世，有善男子、善女人，欲求現在未來百千萬億等願、百千萬億等事，但當皈依、瞻禮、供養、讚歎地藏菩薩形像，如是所願所求，悉皆成就。復願地藏菩薩，具大慈悲，永擁護我，是人於睡夢中，即得菩薩摩頂授記。

如果在未來世界中，有人現在和未來想要祈求的，多達百千萬億那麼多種的願、那麼多件的事，只要皈依、瞻禮、供養、讚歎地藏菩薩形像，這樣所祈願的事，就都能心想事成。如果又希望地藏菩薩以大慈悲心，永遠保護你、指引你，你在睡夢中，將可以得到地藏菩薩摩頂授記成佛。這也就是說能夠親近地藏菩薩，無論在夢中或禪定中，地藏菩薩都會像老師一樣來教導我們。

受持地藏法門者所求的願，不至於不合理，而是如法的、合理的願。因為學佛者不會妄想根本不可能達成的事。打妄想就是起顛倒，我們常常在打妄想，如果學佛以後知道什麼願是合理的，什麼願是不合理的，就比較不會打妄想、起顛倒，因為打妄想、起顛倒的事，都是沒有意義的，要學習調伏自心，走上正確的菩提大道，才能夠邁向成佛的方向。這樣生生世世不管所發的是百千萬億的願，或所求的是百千萬億的事，只要合乎真理法則，當然都可能成就的。

> 復次，觀世音菩薩！若未來世，善男子、善女人，於大乘經典，深生珍重，發不思議心，欲讀欲誦。縱遇明師，教視令熟，旋得旋忘，動經年月，不能讀

誦。是善男子等，有宿業障，未得消除，故於大乘經典，無讀誦性。如是之人，聞地藏菩薩名，見地藏菩薩像，具以本心恭敬陳白，更以香、花、衣服、飲食、一切玩具，供養菩薩。以淨水一盞，經一日一夜，安菩薩前，然後合掌請服，回首向南，臨入口時，至心鄭重。服水既畢，慎五辛、酒肉、邪淫、妄語，及諸殺害，一七日，或三七日。是善男子、善女人，於睡夢中，具見地藏菩薩現無邊身，於是人處授灌頂水。其人夢覺，即獲聰明，應是經典，一歷耳根，即當永記，更不忘失一句一偈。

如果在未來世界中，有善男子、善女人能夠非常深重地珍惜大乘經典，發起不可思議的心想要讀誦，就能遇到明師來教導讀誦經典的方法，用來熟悉經典的內容，結果卻「旋得旋忘」，好不容易背了一段，轉眼之間又忘記了。

我們的記憶力，好像是年紀愈大愈記不住，其實不是這樣，主要是因為我們不常將經典智慧運用於生活裡。誦經、拜懺，其實都能夠防止我們老化，不但身體健康，心理也健康，是受持法寶很好的方式。我們甚至可從經典知道，能讀經是很大的福報，這種福報不怕別人搶，也不怕別人偷，還能夠隨業轉生，生生世世都能夠在菩提大道上永不退失，所以只要我們肯用功，一定功不唐捐。

如果誦持經典時常常忘記，明師指導也沒用，經年累月都沒有進步，這該怎麼辦？這是因為宿世業障沒有消除，所以對於大乘經典「無讀誦性」，也就是比較無法相契應，既不能讀，也不能誦，沒有記性，無法吸收。像這樣的人不用為此發愁，如果能聽到地藏菩薩的名號，或是見到地藏菩薩像，以自己誠懇的心恭敬地向地藏菩薩陳述所遭遇的難處，再準備香、花、衣服、飲食、玩具，用於供養菩薩。「玩具」是指自己所愛把玩的物品，不是指孩子所玩的玩具。

將乾淨的一杯水，放在地藏菩薩像前，靜置一日一夜，然後雙手合掌，取水飲用，要先回轉頭來，面向南方，表示地藏菩薩從南方來，再喝水。入口時，要鄭重其事，如果不夠至誠，將不會感應。要發願學習地藏法門，修持藏菩薩名號，讀誦《地藏經》。飲用完畢後，生活飲食必須素食，不能吃葷，五辛、酒、肉都不能，也不可以發生邪淫、妄語的行為，以及各種殺生害命的事。在經過七日或二十一日後，祈請者將可在夢中見到地藏菩薩的無邊法身，並於求者頭頂噴灑甘露水滴，使其消除業障。當他從夢中醒來，發現自己變聰明了，所有的經典不但過目不忘，也能過耳不忘，永遠記住，連一句經文或一個偈頌都不會忘記。

復次，觀世音菩薩！若未來世，有諸人等：衣食不足，求者乖願；或多病疾，或多凶衰；家宅不安，眷屬分散；或諸橫事，多來忤身；睡夢之間，多有驚怖。如是人等，聞地藏名，見地藏形，至心恭敬，念滿萬遍。是諸不如意事，漸漸消滅，即得安樂，衣食豐溢，乃至於睡夢中，悉皆安樂。

如果在未來世界中，有人生活困難，為衣食不足而發愁，或是沒有一個心願能如意，或是經常生病，或是多遇不吉祥的凶事。家裡不平安，家人無法團圓。或是遇到意外災難，造成身體傷害，而且常常被惡夢驚醒等。這樣的人只要能聽到地藏菩薩的名號，或是見到地藏菩薩像，一心一意地恭敬稱念地藏菩薩的名號一萬遍，這些不如意的惡事、災難就會逐漸消失，生活得到安穩快樂，衣食也逐漸豐足起來，甚至連睡夢中也是相當安樂。

我們最好不要等到發生不如意的事才來用功，應該從現在就開始累積我們的智慧、福報資糧。這樣不但生活安樂，自己也能安心用功。

復次，觀世音菩薩！若未來世，有善男子、善女人，或因治生，或因公私，或因生死，或因急事，入山林中，過渡河海，乃及大水，或經險道。是人先當念地藏菩薩名萬遍，所過土地，鬼神衛護，行住坐臥，永保安樂。乃至逢於虎狼獅子、一切毒害，不能損之。」

如果在未來世界中，有人為了生活奔波，「治生」即是謀生，或是為了公事、私事，或是報生、訃死的生死消息需要通傳，或是為了緊急的事，而必須進入危險的山林，或是渡河、海等大水處，或是要經過有野獸、搶匪的危險道路。這樣的人可以事先稱念地藏菩薩的名號一萬遍，他所經過的地方，便會得到護法鬼神的保護，無論行、住、坐、臥，都能永遠保持平安無事，甚至連兇猛的虎、狼、獅子，以及蚖、蛇、蝮、蠍一類毒蟲，都不能損傷他一絲一毫。

過去的交通方式沒有飛機，現代人無論是搭機、過河或走路，如果對於旅程感到心裡不平安，只要能一心持誦地藏菩薩名號，便能得到鬼神的護法保衛，一路平安。

佛告觀世音菩薩：「是地藏菩薩，於閻浮提，有大因緣。若說於諸眾生見聞利益等事，百千劫中，說不能盡。是故，觀世音！汝以神力，流布是經，令娑婆世界眾生，百千萬劫，永受安樂。」

佛陀告訴觀世音菩薩，由於地藏菩薩和閻浮提眾生有很深的因緣，所以閻浮提眾生才有機緣聽聞到地藏法門。如果要說出地藏菩薩為眾生謀福的事，就是用百千劫如此長的時間，也是說不完的。基督教徒做見證以傳播福音，佛教的三寶弟子如果要做見證，證明自己因修持地藏法門得到多大的利益，實在是多到說不盡。

爾時，世尊而說偈言：

吾觀地藏威神力，恆河沙劫說難盡，
見聞瞻禮一念間，利益人天無量事。
若男若女若龍神，報盡應當墮惡道，
至心皈依大士身，壽命轉增除罪障。

「偈」和詩、詞一樣，都是固定的字數，七字或五字，一句、一句重誦，也就是濃縮前面的經文內容，再重述一遍交代給我們，以加強回憶和印象，希望我們能生起信仰的心，用心受持，並且付諸實踐。因此，很多經典會採用偈頌乃至重頌來做結語，將前文所述再重誦一遍。

佛陀說他觀察地藏菩薩的威德、神通的力量，即使用恆河沙劫那麼長的時間來述說，也是難以說盡。如果有人看見地藏菩薩的形像，或聽見地藏菩薩的名字，在瞻仰、頂禮的一念之間，就能善念理解到地藏菩薩造福人道和天道的無量事。無論男女，或是龍神等的非人們，原本此生福報享盡，死後應墮入三惡道，只要能一心一意皈依地藏菩薩，便能延長壽命，並消除墮惡道的罪障。

地藏菩薩所要度化的不只是我們人道眾生，因他特別悲憫三惡道眾生，所以這裡也包括天龍八部、畜生道、餓鬼道和地獄道。不管是哪一道的眾生，都有報盡捨身的時候，以人道來說，報盡就是今世的業報已盡，也就是死亡，從人道消失，接著就是下世的轉生何方，如果第八識中惡種子太多，便會墮落地獄道。不只我們人類的壽命有限，有生就有死，即使是天龍八部和三惡道眾生也是無法豁免，只是地獄道的生死長達百千萬億劫，所以常說是求出無期，但是也總有報盡的一日。報盡的時候該怎麼辦？「至心皈依大士身」，這樣就能消災增福，免墮三惡道受苦。

少失父母恩愛者，未知魂神在何趣？
兄弟姊妹及諸親，生長以來皆不識。
或塑或畫大士身，悲戀瞻禮不暫捨，
三七日中念其名。菩薩當現無邊體，
示其眷屬所生界，縱墮惡趣尋出離。
若能不退是初心，即獲摩頂受聖記。

有人年少時便失去雙親，或者兄弟姊妹離散，無法享受家庭的幸福美滿；既無法得知親人魂神投生往哪一道，連兄弟姊妹和親人眷屬也不知下落，從出生就未曾謀面，不曉得他們是生是死。如果想為這些無緣相見的親人祈福，可以為地藏菩薩塑像或是繪圖，以懇切至誠的心瞻仰、頂禮地藏菩薩，目不暫捨。在二十一日內，用心稱念地藏菩薩名號，菩薩便會現出無邊法身，並指示親人轉生去處，即使是墮入惡道，也能很快被解救出來。假如能夠繼續修行不退轉初心，便能得到地藏菩薩為他摩頂受記成佛。

欲修無上菩提者，乃至出離三界苦，
是人既發大悲心，先當瞻禮大士像，
一切諸願速成就，永無業障能遮止。

如果想修行成佛的菩提道，也就是行菩薩道，首先要能解脫欲界、色界、無色界三界的生死苦惱。此人既然發了大慈大悲的心，就要先對地藏菩薩像生起恭敬心，瞻仰、頂禮。這樣所有的願望，都能很快速地滿願，永遠不會有業障來障礙修行的道路。

有人發心念經典，欲度群迷超彼岸，
雖立是願不思議，旋讀旋忘多廢失。
斯人有業障惑故，於大乘經不能記。
供養地藏以香花，衣服飲食諸玩具，
以淨水安大士前，一日一夜求服之，
發殷重心慎五辛，酒肉邪淫及妄語，
三七日內勿殺害，至心思念大士名。
即於夢中見無邊，覺來便得利根耳，
應是經教歷耳聞，千萬生中永不忘。
以是大士不思議，能使斯人獲此慧。

如果有人發心念誦大乘經典，想要超度走入歧途的眾生，到達沒有煩惱的涅槃彼岸，得到解脫。能有這一種心，便是發菩薩的心，不但能幫助他人離苦得樂，自己也能夠了脫生死煩惱。能發這樣大願的人，是非常地不可思議，但是有時會邊讀邊忘，這是因為業障的關係，善根、智慧不足，所以對大乘經典沒有記性。這時可以供養地藏菩薩，準備香、花、衣服、飲食、玩具，並將一杯清淨的水供養於大菩薩像前，經過一天一夜的時間後，祈求地藏菩薩能幫助自己開智慧，能夠了解、記憶、受持、實踐經典，然後端水飲用。要發懇切深厚的心素食，不食用五辛，不飲酒吃肉，也不能邪淫、妄語。如果我們發願歸發願，卻仍照常做壞事，破壞了清淨的大願，地藏菩薩便無法幫助我們。在此二十一天之內，不要殺害有情生命，要用心稱念地藏菩薩的名號。這樣便能在夢中見到地藏菩薩的無邊身，夢醒以後，就能將經典內容牢記不忘，一聽就記住。大乘經典只要耳朵聽過一次，在千萬生中都不會遺忘。這都是因為地藏菩薩久遠劫來所發深重大願的關係，所以能讓誦持者獲得如此不可思議的力量，而得到大智慧。

貧窮眾生及疾病，家宅凶衰眷屬離，
睡夢之中悉不安，求者乖違無稱遂。
至心瞻禮地藏像，一切惡事皆消滅，
至於夢中盡得安，衣食豐饒神鬼護。

如有貧苦或多病的眾生，家裡常出事，因凶事災禍而衰落，骨肉分離，睡夢不得安穩，心中所求都無法滿願，諸事不能順心順意。這時只要至心瞻禮地藏菩薩像，學習地藏菩薩的心量與行為，所有的壞事就會逐漸消失不見，並且能夠安詳入夢，夢中盡得安樂，生活也逐漸豐衣足食，出入都有地神保護。

欲入山林及渡海，毒惡禽獸及惡人，
惡神惡鬼并惡風，一切諸難諸苦惱。
但當瞻禮及供養，地藏菩薩大士像，
如是山林大海中，應是諸惡皆消滅。

如果想要去山林或渡海，卻擔憂著危險，害怕會遇到毒惡的猛獸和壞人，或是遇到惡神、惡鬼和惡風，這所有的災難和煩惱都讓人惶惶不安。只要瞻禮和供養地藏菩薩像，深藏於這些山林大海中的所有危險災厄，都會全部消失無蹤。

觀音至心聽吾說，地藏無盡不思議，
百千萬劫說不周，廣宣大士如是力。
地藏名字人若聞，乃至見像瞻禮者，
香花衣服飲食奉，供養百千受妙樂，
若能以此迴法界，畢竟成佛超生死。
是故觀音汝當知，普告恆沙諸國土。

佛陀請觀世音菩薩用心聽他述說，關於地藏菩薩的種種說不盡的不可思議事，即使是說上百千萬劫這麼長的時間，也是無法說完地藏菩薩的這種神通力量。如果有人能聽見地藏菩薩的名字，甚至是在地藏菩薩的像前瞻禮。用香、花、衣服、飲食來供奉地藏菩薩，供養物資的數量相當龐大，將能得到供養功德的無限妙樂。如果能以此修行地藏法門的功德，迴向給法界的一切眾生，將來必定能了脫生死，甚至圓滿成佛。因此，佛陀希望觀世音菩薩能夠明白此事的重要性，由於觀世音菩薩和南閻浮提的娑婆世界眾生特別有緣，所以佛陀也請託觀世音菩薩，要將地藏法門推廣給多如恆沙數國土的廣大眾生，讓大家有機會能種下善根福德因緣。

〈第十三品〉

囑累人天品

第十三品〈囑累人天品〉，是《地藏經》的最後一品，佛陀為母在忉利天說法，即將要圓滿，與會者都法喜充滿。「囑累」的「囑」是囑咐，「累」是指勞累、受累、偏勞，意即囑咐人天眾生要荷擔負責弘揚《地藏經》，以廣為流通，讓一切眾生得到地藏法門的益處。

爾時，世尊舉金色臂，又摩地藏菩薩摩訶薩頂，而作是言：

佛陀將金色的手臂舉起來，為什麼是金色的手臂呢？因為地藏菩薩分身百千萬億，如果用人的手臂只能摸一個人的頭，而佛的金色手臂則可同時摸分身百千萬億的地藏菩薩頭頂。摩頂是一種鼓勵、肯定、吩咐，充滿對眾生悲憫的心，不是只想自己，而是想到六道一切受罪苦的眾生，因而佛陀殷重交代地藏菩薩弘化的任務。

「地藏！地藏！汝之神力，不可思議；汝之慈悲，不可思議；汝之智慧，不可思議；汝之辯才，不可思議。正使十方諸佛，讚歎宣說汝之不思議事，千萬劫中，不能得盡。

佛陀連聲說：「地藏！地藏！」前文只稱一次地藏而已，這裡卻是連聲稱名，表示相當地讚歎。佛陀認為地藏菩薩不但神通威力大到不可思議，慈悲、智慧、辯才也一樣是不可思議，才能夠生出這麼大的度化眾生悲願。即使請十方佛來讚歎地藏菩薩的神力、慈悲、智慧、辯才，這些不可思議的事，因為地藏菩薩利益眾生的事實在是多到無量無數，說上千萬劫也無法說盡。

菩薩摩訶薩要度化無量無盡的眾生，在到達菩薩摩訶薩的果位以上，自然就能分身百千萬億，這是非常廣大的神力，並且要一直不斷以慈悲與智慧的心來對待眾生，一旦智慧無邊，自然辯才無礙，而能以此來調伏眾生。不管你問什麼問題，地藏菩薩都能給你圓滿的解釋，讓你能夠心開意解，而接受地藏菩薩的教導，這也正是十方諸佛讚歎宣說的不思議事。

地藏！地藏！記吾今日在忉利天中，於百千萬億不可說不可說一切諸佛菩薩、天龍八部大會之中，再以人天諸眾生等，未出三界，在火宅中者，付囑於汝。無令是諸眾生，墮惡趣中一日一夜，何況更落五無間及阿鼻地獄，動經千萬億劫，無有出期？

「地藏！地藏！」這是一種很深的感受，意思是佛陀請地藏菩薩千萬要記得他今日在忉利天中，在多達百千萬億不可說不可說一切諸佛菩薩、天龍八部都齊聚一堂的大法會裡，再將人間和天上的眾生，還沒有出離三界火宅的人，都交付給地藏菩薩。希望地藏菩薩千萬莫讓這些眾生再次墮入惡道，哪怕只是受到一天一夜的苦難都不可以，更何況是墮落到五無間及阿鼻地獄，飽受千萬億劫的永無出頭之日苦難呢？

與會的天龍八部護法都已啟發學佛的善根因緣，成為地藏菩薩的護法信奉者和衛護者。佛陀憂慮我們人天的眾生未出三界，仍在三界中輪迴不已，於生死中不知方向，猶如在火宅當中，所以不斷地囑咐地藏菩薩要救濟度化眾生。

佛陀即將要入滅了，所以將眾生都交託給地藏菩薩，他一而再地為我們這些眾生做交代，希望地藏菩薩好好守護我們。雖然佛陀不忍見我們受苦，卻無法使我們倖免於難，換句話說，如果我們自己要行惡墮落，佛陀也莫可奈何。

地藏！是南閻浮提眾生，志性無定，習惡者多，縱發善心，須臾即退，若遇惡緣，念念增長。

我們南閻浮提眾生的性情不穩定，非常散亂，大多數人已經習慣於造惡，即使一時之間可能非常感動，發起了善念，卻維持不了多久，無法堅持下去，總是不多久便退轉了。這是因為精進心不夠，堅定心也不夠，假如遇到惡的因緣，念念間就會不斷增長惡習。

唯識學說我們凡夫第六識的五十一心所，有一半以上都是煩惱、惡念，所以我們是「習惡者多」。為什麼會很快退失善心呢？因為五十一個心所中，只有十一個善心所，占不到四分之一的量，所以即使發了善心，也不容易維持。如果想要持續善念，就要用宿世以來所修的善根福德因緣來支持，繼續培養、長養這些善根，才不會一遇到惡緣就很容易相應，惡緣一旦和我們的惡念相應，就會念念增長。

增長惡念是與生俱來的，是不用學習天生就會的習性，無始劫以來不知累積多少，所以一遇到惡緣，我們馬上就相應了。比如別人一恥笑我們就會相應，或是別人一毀謗也會相應，明知道別人用的是煩惱心，煩惱心還是馬上與人相應，心立即被外境轉走，善念不知跑到哪裡去了。我們在這世間的起心動念，隨時隨地都要想一想有沒有與佛法相應？如果與法相應，不管外境如何變化，因為我們對佛法有信心，相信諸佛菩薩所說的絕對是真實的，心就不會被外境所影響。

以是之故，吾分是形，百千億化度，隨其根性而度脫之。

為什麼地藏菩薩要分身百千萬億？因為我們這些剛強眾生的數量實在太多，每個分身都是為了去適應某個眾生，看他們需要什麼方式，就用什麼方式去度化，隨根性而度脫，如果不隨著他們的根性，可能便沒有結緣的機會。比方說，孩子不是父母想要他們怎樣，就會乖乖配合，所以父母需要先要放下自己對孩子的執著，去理解孩子到底要什麼。父母只是生出孩子的色身而已，孩子所思所想，全都是他自己宿世帶來的習性，所以要去試著了解他，而非命令他一定要照你的方式做事。如果你告訴他：「不要囉嗦，就照媽媽跟你講的去做。」這樣他才不理你呢！父母要放下對孩子的執著，站在孩子的立場，好好地去了解孩子的想法，才能真正的溝通無礙。

地藏！吾今殷勤以天人眾，付囑於汝。未來之世，若有天人，及善男子、善女人，於佛法中，種少善根，一毛一塵，一沙一渧。汝以道力，擁護是人，漸修無上，勿令退失。

佛陀表示自己現在要懇切鄭重地將天上和人間的眾生，都交託給地藏菩薩。希望未來世界如果有天人或人間的善男信女，在佛法裡只要有種小小的善根，就有機會和佛道相應，即使小小的善根猶如一絲毛髮、一點微塵、一粒沙、一滴水，看似微不足道，地藏菩薩卻都要用神力去保護他們，讓他們可以漸漸地踏上成佛之道，知道如何超凡入聖、行菩薩道，甚至是從菩薩摩訶薩到圓滿成佛，都能不退失菩提心。萬一他們退轉道心的時候，希望地藏菩薩也能去安慰、護持他們。

通常遇到逆境，就是我們容易退轉道心的時候，此時地藏菩薩會用神力來幫助我們消災解厄。只要能夠聽聞地藏菩薩的名號，便能有機會與菩薩感應；因為地藏菩薩的神力無邊，感應菩薩的大願心，真的並非很困難的事。

復次，地藏！未來世中，若天若人，隨業報應，落在惡趣。臨墮趣中，或至門首，是諸眾生，若能念得一佛名、一菩薩名、一句一偈大乘經典。是諸眾生，汝以神力，方便救拔。於是人所，現無邊身，為碎地獄，遣令生天，受勝妙樂。」

未來世界如果有天人或人間的人，隨所造的惡業果報，墮落到惡道。在將墮落之時，或甚至已經來到地獄門口，這樣的眾生只要能念出任何一位佛或菩薩的名號，或是大乘經典的一句經文、一則偈頌，佛陀將請地藏菩薩都要發揮廣大神力去解救他們。在這些人的處所，展現無邊法身，為人們粉碎地獄，讓他們都可以生天，離苦得樂，安享殊勝的安樂。

為什麼只要我們有一點善根、一點福德因緣，懂得念一聲佛號、菩薩聖號，或是經典的一句一偈，這些都能夠拯救我們呢？就是因為大願地藏菩薩發了這麼大的願。只要心生一念善念，一聲「南無佛」就能與地藏菩薩相應，就有機會救我們出離地獄，最怕的就是連念聲「南無佛」的善因緣都沒有的話，那就真的就沒辦法相應了。

爾時，世尊而說偈言：「現在未來天人眾，吾今殷勤付囑汝，以大神通方便度，勿令墮在諸惡趣。」

佛陀再三地懇求地藏菩薩，一定要發大心，用大神通力和方便法門來度化我們，千千萬萬不能讓我們墮入惡道，佛陀實在捨不得讓我們受苦。

爾時，地藏菩薩摩訶薩胡跪合掌，白佛言：「世尊！唯願世尊，不以為慮。未來世中，若有善男子、善女人，於佛法中，一念恭敬，我亦百千方便，度脫是人，於生死中，速得解脫。何況聞諸善事，念念修行？自然於無上道，永不退轉。」

這時，地藏菩薩聽了佛陀的殷切交代後，便右膝跪地，雙手合掌，表示慎重地接受佛陀的叮嚀與囑咐。地藏菩薩請佛陀不要憂慮，因為未來世界裡，只要有人能在佛法中產生一念的恭敬心，他都會用百千萬億的方便善巧來度化這個人，讓他在生死輪迴中速得解脫，更何況是聽到善事便去修行的人，他們自然就會在成佛道上，永不退轉道心。

說是語時，會中有一菩薩，名虛空藏，白佛言：「世尊！我自至忉利，聞於如來讚歎地藏菩薩威神勢力，不可思議。未來世中，若有善男子、善女人，乃及一切天龍，聞此經典，及地藏名字，或瞻禮形像，得幾種福利？唯願世尊，為未來現在一切眾等，略而說之。」

當地藏菩薩這麼說時，法會中有一位虛空藏菩薩告訴佛陀說，他自從來到忉利天，就聽到許多佛陀稱讚地藏菩薩的話，以及地藏菩薩不可思議的威德神通大勢大力。他想知道未來世界如果有善男信女，甚至是一切天龍八部，假如能聽聞《地藏經》，或是聽聞地藏菩薩名號，或是瞻仰禮拜地藏菩薩像，可以得到哪些福利呢？他懇請佛陀為未來及現在的一切眾生，粗略地說明。

佛告虛空藏菩薩：「諦聽！諦聽！吾當為汝分別說之。若未來世，有善男子、善女人，見地藏形像，及聞此經，乃至讀誦，香花飲食、衣服珍寶，布施供養，讚歎瞻禮，得二十八種利益：一者天龍護念，二者善果日增，三者集聖上因，四者菩提不退，五者衣食豐足，六者疾疫不臨，七者離水火災，八者無盜賊厄，九者人見欽敬，十者神鬼助持，十一者女轉男身，十二者為王臣女，十三者端正相好，十四者多生天上，十五者或為帝王，十六者宿智命通，十七者有求皆從，十八者眷屬歡樂，十九者諸横消滅，二十者業道永除，二十一者去處盡通，二十二者夜夢安樂，二十三者先亡離苦，二十四者宿福受生，二十五者諸聖讚歎，二十六者聰明利根，二十七者饒慈愍心，二十八者畢竟成佛。

佛陀於是告訴虛空藏菩薩，要好好地用心聽。「諦聽！諦聽！」其實也等同是要我們這些眾生，也一起好好地用心聽。佛陀便將禮敬地藏菩薩所能得到的二十八種利益，分別一條一條地仔細說明。不論是見到地藏菩薩的形像，或是聽聞、讀誦《地藏經》，或是用香、花、飲食、衣服、珍寶來布施供養，或是讚歎、瞻禮地藏菩薩，都可以得到這些利益。

第一種利益是「天龍護念」，聽眾當中有很多天龍八部，因為啟發了他們的善根因緣，所以他們會來護持。

第二種利益是「善果日增」，當我們知道因緣福報的重要，便會珍惜因果，留意自己的起心動念，在念念之間放入善念，自然能夠得到善果。

第三種利益是「集聖上因」，即是踏上成佛之道。不會只在世間法，也就是第一大阿僧祇劫中打轉而已，而是向著第二大阿僧祇劫「超凡入聖」的方向邁進，知道如何解脫生死，如何來行菩薩道，這些都是集聖上因。

第四種利益是「菩提不退」。對地藏菩薩的信仰，道心堅固，不會因逆境考驗退失菩提心。

第五種利益是「衣食豐足」。學習地藏菩薩的願心，發菩提心，行菩薩道，廣結善緣，自然具有福報，故衣食豐足。

第六種利益是「疾疫不臨」，疾病、病疫不會降臨到我們的身上。

第七種利益是「離水火災」，能夠遠離水災、火災。

第八種利益是「無盜賊厄」，不會有遇到盜賊的災厄。

第九種利益是「人見欽敬」，想要人敬重，必須要先自重，聽聞佛法以後，我們會謹慎自己的所作所為，細心觀察善惡念頭，這樣等於也是敬重自己。當我們能敬重自己、戒慎自己，自敬而人敬之，別人看到我們就會尊敬。一個人能人見欽敬，是因為他的自重自愛。

第十種利益是「神鬼助持」，地神、鬼王都護持地藏菩薩，所以我們如果受持

《地藏經》，因法而相會、聚合，護法神鬼自然就會來護持我們。

第十一種利益是「女轉男身」，透過地藏法門的修行，如果今生厭惡女身，下輩子就能夠轉男身，甚至不會再得到女身，除非是自己願意要用女身來度化眾生。

第十二種利益是「為王臣女」，因為修地藏法門福報具足，能生在尊貴的家庭，甚至生為王家臣女。

第十三種利益是「端正相好」，相貌長得端端正正，不會醜陋難看。

第十四種利益是「多生天上」，常常生於天上，享受天福。

第十五種利益是「或為帝王」，可以成為帝王。

第十六種利益是「宿智命通」，對我們宿世的種種能夠通達。雖然我們現在不知道過去生如何，但如果能認識生命的真相，其實也是類似宿智命通，這是透過智慧來理解和肯定生命的意義。

第十七種利益是「有求皆從」，心想事成。

第十八種利益是「眷屬歡樂」，能夠與家人歡聚一堂，享受眷屬的歡樂。

第十九種利益是「諸橫消滅」，能消滅災難橫逆，遠離橫禍、橫病。

第二十種利益是「業道永除」，永遠除滅惡業，想要不墮入惡道，就是要持戒。

第二十一種利益是「去處盡通」，想去哪裡就去哪裡，沒有任何障礙。我們如果知道因緣果報，就會非常有道德心，無論去到哪裡都受歡迎，所以去處盡通。

第二十二種利益是「夜夢安樂」，半夜做夢都不是惡夢，而是好夢，感到安樂。

第二十三種利益是「先亡離苦」，我們所修的任何功德，都要迴向給一切眾生，使祖先及先亡者得以離苦得樂。

第二十四種利益是「宿福受生」，今生能受用前世所種下的因緣福報。

第二十五種利益是「諸聖讚歎」，我們雖然是凡夫眾生，但是只要努力精進學習，聲聞、緣覺、菩薩、佛等聖者都能讚歎我們。

第二十六種利益是「聰明利根」，因為能善學佛法，原來世俗的聰明可轉為智慧，根機也磨得更利。

第二十七種利益是「饒慈愍心」，當我們富饒慈愛憐憫的心，就能隨時隨地以柔軟心對待一切眾生，並將瞋恨心、結怨心轉成慈悲心來化解怨懟。

第二十八種利益是「畢竟成佛」，最後就能圓滿成佛。

復次，虛空藏菩薩！若現在未來，天龍鬼神，聞地藏名，禮地藏形，或聞地藏本願事行，讚歎瞻禮，得七種利益：一者速超聖地，二者惡業消滅，三者諸佛護臨，四者菩提不退，五者增長本力，六者宿命皆通，七者畢竟成佛。」

佛陀又對虛空藏菩薩說，假如現在、未來的天龍鬼神，能聽到地藏菩薩的名字，恭敬禮拜地藏菩薩形像，或是聽聞《地藏經》的因緣果報和種種事蹟，或是讚歎、瞻禮，這樣將能夠得到七種利益。

佛陀為虛空藏菩薩分別說善男信女與天龍鬼神修地藏法門，各有不同的利益。因為善男信女不僅能見地藏形像，還能聽聞、見聞此部經典，並以香花、飲食、衣服、珍寶，布施供養，讚歎瞻禮，這是人道所特有的方式，所以獲得利益比較多，共有二十八種利益。

天龍鬼神，可以聽聞地藏菩薩名號，禮拜地藏菩薩形像，或聽聞地藏菩薩本願事行，讚歎瞻禮，此以比較簡單的方式修行，所以是得七種利益。人道是最能聽聞佛法、思惟乃至實踐佛法，唯有人能細密而深入地了解經典，再加上人還能布施供養，廣結善緣，這是天龍鬼神遠不能及的，故天龍鬼神僅得七種利益。

第一種利益是「速超聖地」，天龍鬼神護持地藏菩薩，也能夠很快踏上成佛之道，超凡入聖也就是速超聖地。

第二種利益是「惡業消滅」，天龍鬼神護持地藏菩薩，大起善因善緣，惡因惡緣自然減少乃至消滅。

第三種利益是「諸佛護臨」，天龍鬼神護持地藏菩薩，善根因緣足夠，自然會有諸佛護臨。

第四種利益是「菩提不退」，天龍鬼神護持地藏菩薩，亦使不會退失菩提心。

第五種利益是「增長本力」，天龍鬼神護持地藏菩薩，就能增長智慧與慈悲及願力，能夠長久於菩提道上而不退，即是增長本力。

第六種利益是「宿命皆通」，天龍鬼神本來就有少許神通，當他們通達佛法，自然也能宿命通達，也就是知道生命的來龍去脈。

第七種利益是「畢竟成佛」，眾生平等，只要有善根因緣，願意好好行菩薩道，所有眾生都可成佛。

爾時，十方一切諸來不可說不可說諸佛如來，及大菩薩、天龍八部，聞釋迦牟尼佛，稱揚讚歎地藏菩薩，大威神力，不可思議，歎未曾有。

當時，十方一切世界無始以來，不可說不可說的所有諸佛、以及菩薩摩訶薩、天龍八部，聽到佛陀稱揚、讚歎地藏菩薩的大威神力非常難得可貴，非常不可思議，大家都讚歎這是從未有過的，能以如此大的願力，利益一切六道眾生，尤其是三惡道的罪苦眾生，這是非常困難的事。

善男子、善女人都已經到寺院裡學佛了，算是比較好度化，在寺院外尚未踏入佛門的眾生，則是很難度化的，必須要有相當大的能力，才有可能度化。這就好像維摩詰居士能在滾滾紅塵裡，說法度眾自在無礙，這是因為他的智慧過人，我們有時也要省察自己的能力，不要想度別人，反而被別人度了！然而，我們對於菩薩行，至少可以先做到自己做得到的部分，就是盡心盡力，隨緣盡分。

是時忉利天，雨無量香花，天衣珠瓔，供養釋迦牟尼佛，及地藏菩薩已。一切眾會，俱復瞻禮，合掌而退。

此時，忉利天就像下雨一樣，飄落下無數無量的香花、天衣、珠寶、瓔珞，供養佛陀和地藏菩薩後，所有參加大法會的大眾，都非常虔誠地向佛陀和地藏菩薩頂禮，虔敬地合掌作禮而退。

這是一場盛大的法會，由釋迦牟尼佛來介紹地藏菩薩，大乘經典大都是由釋迦牟尼佛介紹諸佛菩薩，像《阿彌陀經》介紹阿彌陀佛，《藥師經》介紹藥師佛，皆是如此。這都是為了讓我們所有的眾生，都能夠蒙受利益。

我們應該學習地藏菩薩的大願精神，受持地藏菩薩名號，誦持《地藏經》，實踐地藏法門，方能與地藏菩薩相應，透過地藏菩薩以手中錫杖，振開我們凡夫六道眾生，充滿煩惱無明黑暗之門，再以掌上明珠，光明照攝我們所處的大千世界，注入萬丈光明！在生生不已的生命之流，行菩薩道的學佛過程中，難免有生老病死、隔陰之迷之苦，有了地藏菩薩做我們的依怙，何來憂與懼？只要發願，必能難忍能忍，難捨能捨，難行能行。

地藏菩薩安忍不動如大地，靜慮深密如智藏的心量，慈悲關懷三界六道的眾生，護佑善道中人與天人莫再墮入惡道，惡道中又以罪業最深重的地獄眾生，更是菩薩恆久想要救護的對象，用盡權巧方便的方法。我們凡夫雖深感人生之苦，卻也因為知苦而懂得修行，懂得行菩薩道，而成為最有福報聽經聞法的眾生，也最能成為地藏菩薩同願同行的護法者，應當好好惜福，知苦離苦，福慧雙修。

編案：本書經文和標點符號主依CBETA版電子佛典，但部分文字依流通版修改。

智慢人 58

懺悔的人有福——地藏經講記

Repentance Brings Blessings:
A Commentary on the Ksitigarbha Sutra

著者	釋寬謙
出版	法鼓文化
總監	釋果賢
總編輯	陳重光
編輯	張晴
封面設計	化外設計
內頁美編	小工
地址	臺北市北投區公館路186號5樓
電話	(02)2893-4646
傳真	(02)2896-0731
網址	http://www.ddc.com.tw
E-mail	market@ddc.com.tw
讀者服務專線	(02)2896-1600
初版一刷	2024年11月
初版二刷	2025年09月
建議售價	新臺幣450元
郵撥帳號	50013371
戶名	財團法人法鼓山文教基金會一法鼓文化
北美經銷處	紐約東初禪寺 Chan Meditation Center (New York, USA) Tel: (718)592-6593 E-mail: chancenter@gmail.com

法鼓文化

國家圖書館出版品預行編目資料

懺悔的人有福：地藏經講記 / 釋寬謙著. -- 初版. -- 臺北市：法鼓文化, 2024.11
面；　公分
ISBN 978-626-7345-45-0 (平裝)

1. CST: 方等部

221.36　　113014092